短時間学習で使える！

15分で国語力アップ！
小学校国語科
アクティブ・ラーニング型
面白ワーク60

福山憲市 著

明治図書

まえがき

　新採の時，国語の授業をどう流せばいいか日々悩んでいました。国語が嫌いなわけではないです。逆に，国語は大好きでした。物語を読むことも詩を読むことも好きでした。

　でも，いざ授業となると，子ども達に国語の楽しさを伝えることができない自分がいました。国語の授業中，２年生の子ども達がつまらなそうにしている姿を今でも思い出します。そんな子ども達が，苦肉の策で作ったワークには興味を示したのです。

　ワークに，自作のイラストを入れただけです。でも，それだけで子ども達の目が変わりました。30数年前の市販のプリントやワークには，今のようなイラストはほとんど入っていません。イラスト好きな自分は，ワークにたくさんのファンシーイラストを描きました。

　問題自体は，今までのものと大きく変えていなかったのですが，ファンシーイラストが子ども達の学びの心を国語に向けてくれたのを，強く覚えています。

　子ども達の国語に対する目の色が少し変わり始めると，欲が出てきました。

　子ども達の漢字力をつけたい。言語力・辞典活用力・作文力・質問力・読解力などもつけたい。授業が下手なら，ワークで少しでも子ども達の国語力をアップしたい。

　そんな思いから，イラストだけでなく問題にも少しずつ手を加えていきました。子ども達がやってみたいと思う問題，面白そうだと思う問題，次が待ち遠しいと思う問題を試行錯誤しながら作り続けました。毎日，何枚も作っては子ども達に試しました。

　少しずつ少しずつ，どんな問題が子ども達の心にフィットし，国語力をつけていくのかが見えてきました。新採から７年，30歳になっていました。

　ちょうどその頃『"ひとり学び"を鍛える面白ドリルワーク（「授業研究21」1990年８月号）』（明治図書）を発刊することにもなりました。全国組織／面白ワークネットも作りました。学研の通信教育の問題や学研の『学習』の付録ワークを作る機会も10年間いただきました。

　こういう機会を通して，ワーク１枚でも，子ども達の国語力をアップする事実を多く手に入れることができました。

　本書は，ワークを通して，子ども達の「国語力アップ」を試し続けた32年の事実の中から，「漢字力，言語力，辞典活用力，作文力，質問・対話力」をアップさせるワーク60を紹介しています。このアクティブ・ラーニング型面白ワークを通して，多くの子ども達が主体的に学び，友達とワークの課題を深く考え，解決することで「国語って面白い！」「国語の勉強，もっとしたい！」「国語の勉強，もっと知りたい！」そう思うきっかけになると嬉しいです。

　本書は，明治図書編集部の木山麻衣子氏の多大なご尽力なしには形にならなかったものです。ここに記し，感謝申し上げます。

　　　　　　　　　　　　　　　　　　　　　　　　　2016年５月　　福山憲市

本書の使い方

本書のワークは以下の URL からデータをダウンロードすることができます。ユーザー名とパスワードを入力してください。

URL：http://www.meijitosho.co.jp/237821#supportinfo
ユーザー名：237821　　　パスワード：kokuwa

1) ワークの構成

本書は，下のような構成になっています。

見開き2ページで，1つのワークを紹介しています。

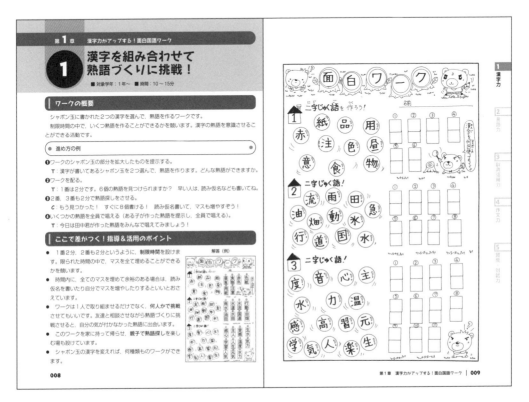

2) ワークシートのタイトル・概要

ワークシートのタイトルを見るだけで，「子ども達にどんな国語力をアップさせたいか」が分かるようにしています。タイトルの下に「対象学年」「時間」「ワークの概要」（何年生に試してきたワークか／どのくらいの時間を使用するワークか／ワークの簡単な説明）を書いています。ワークの概略をつかめるのではないかと思います。

3) 進め方の例

ワークを使って，どのような流れで指導したかを簡単に紹介しています。また，実際にどんな言葉がけで提示したか，どんな子ども達の声が聞かれたかも少し紹介しています。

特に，**ワークを子ども達に配る前が大切です**。ワークを配ってすぐやりなさいということはしません。必ず，前ふりがあります。準備段階と呼んでもいいです。どの段階でワークを配っているかがポイントの1つです。

4）ここで差がつく！指導＆活用のポイント

　ワーク１枚を，どのように活用したかを紹介しています。

　ワーク１枚でも，活用次第で「子ども達の国語力をアップさせる」効果が大きく変わってきます。

　例えば，【制限時間15分】と書いてあっても，次のような場合があります。

◎８分は，個人で取り組ませる。８分経ったところで，友達と相談しながらやらせる。
◎10分は，必死に考えさせる。10分経ったところで，辞典を使用させる。
◎問題１は２分，問題２は３分というように，問題ごとに時間を区切ってやらせる。　等

　ちょっとしたことですが，ワークの効果が変わってきます。

　ここには，「ワークの効果に差」が出てくる「指導・活用のポイント」を細かく紹介しています。特に大切なポイントは「**太字**」にしています。太字にしている項目としては，次のような言葉が多いです。

◎制限時間　◎何人で取り組ませているか　◎どんな言葉を言わせているか
◎ワークの最後をどう終わっているか　◎ワークの裏表をどのように利用しているか
◎ワークの答え合わせの仕方　◎花丸の仕方　◎手本をどうするか　　等

　この「指導＆活用のポイント」を丁寧に読むことをお勧めします。

5）解答（例）

　ワークの解答（例）を紹介しています。あくまでも例です。ワークによっては，いろんな答えが生まれるものもあります。活動によっては，この解答をワークの裏に印刷して，子ども達に丸つけ・確かめをさせることもあります。

6）ワーク（実物）

　実際に，多くの学年で使用したワークです。低学年から使用できるように，基本的に「漢字に振り仮名」を書いているものが多いです。

　振り仮名があることで，例えば「３年～」と書いてあっても，１・２年生でも使用することもできます。「対象学年」はあくまでも目安です。自分の学年に，このワークは使用できるなと思われたら，どんどん試してみてください。

　ちなみに，ワークをコピーし，問題部分をホワイトなどで消すと【ワークのひな型】ができます。紹介しているワークは１枚ですが，ワークのひな型を作っておくことで，問題を変えて同じパターンの活動に何度でも取り組ませることができます。

　60枚のワーク紹介ですが，工夫活用次第で何百枚分のワークに取り組むことができます。

目次

まえがき
本書の使い方

第1章 漢字力がアップする！面白国語ワーク

- ❶ 漢字を組み合わせて熟語づくりに挑戦！ …………………………… 008
- ❷ ジャンケン勝負！いくつ熟語ができたかな …………………………… 010
- ❸ 同じ部首を持つ仲間漢字を探せ！ …………………………………… 012
- ❹ ジャンケン勝負！部首を入れて漢字を完成せよ ……………………… 014
- ❺ 画数チェック！この漢字の画数，何画かな？ ………………………… 016
- ❻ 時間制限内で指示された画数の漢字を探せ！ ………………………… 018
- ❼ サイコロ勝負！いくつ画数ゲットできるかな ………………………… 020
- ❽ ヒントあり！同じ読みの漢字仲間を集めよ …………………………… 022
- ❾ 発見できるかな！新聞からお題の漢字見つけ ………………………… 024
- ❿ ジャンケン勝負！カタカナ使って漢字づくり ………………………… 026
- ⓫ ジャンケン勝負！漢字なぞり陣取りゲーム …………………………… 028
- ⓬ サイコロ勝負！いくつ漢字が完成するかな …………………………… 030

第2章 言語力がアップする！面白国語ワーク

- ⓭ ひとりで，みんなで，言葉集めに挑戦！ ……………………………… 032
- ⓮ ひとりで，みんなで，短文探しに挑戦！ ……………………………… 034
- ⓯ ひとりで，みんなで，専門言葉ミニミニ辞典づくり！ ……………… 036
- ⓰ なぞなぞ解いて仲間言葉集めに挑戦！ ………………………………… 038
- ⓱ しりとり迷路に挑戦！どんな言葉ができるかな ……………………… 040
- ⓲ どのカードが入るかな！しりとりを完成せよ ………………………… 042

- ⑲ ジャンケン勝負！いくつ言葉ができるかな ……… 044
- ⑳ 言葉のたし算完成！どんな言葉ができるかな ……… 046
- ㉑ ヒントあり！いくつの外来語が分かるかな ……… 048
- ㉒ どれを選ぶ？正しいことわざを完成しよう ……… 050
- ㉓ 暗号は何？全ての反対語を見つけよう ……… 052
- ㉔ 迷路を通って四字熟語発見！記憶にも挑戦 ……… 054

第3章 辞典活用力がアップする！面白国語ワーク

- ㉕ しりとりしながら意味調べに挑戦！ ……… 056
- ㉖ 辞典で発見！同じ読みの漢字とその意味調べ ……… 058
- ㉗ 予想しよう！辞典に意味が何と書かれているか ……… 060
- ㉘ 分かるかな？同音・同訓異義語の意味の違い ……… 062
- ㉙ 辞典を引いて完成！同音・同訓異義語の漢字 ……… 064
- ㉚ 辞典で確認！同音・同訓異義語の漢字と意味 ……… 066
- ㉛ 辞典で探そう！類語・反対語の漢字とその意味 ……… 068
- ㉜ 文字数確認！辞典を使って仲間言葉探し ……… 070
- ㉝ 条件に合った動詞・形容詞探しに挑戦！ ……… 072
- ㉞ 条件に合ったカタカナ言葉探しに挑戦！ ……… 074
- ㉟ たとえ言葉クイズに答えて意味も調べよう！ ……… 076
- ㊱ 読み方で意味が変わる！違いが分かるかな ……… 078

第4章 作文力がアップする！面白国語ワーク

- ㊲ 書いて伝えよう！絵を見てまちがい探し ……… 080
- ㊳ 書いて伝えよう！この漢字おかしいよ ……… 082
- ㊴ 推理！何の動物の足あとかな作文に挑戦 ……… 084
- ㊵ デザイン体験！やったことをすぐに書こう ……… 086

- ㊶ リンゴを切ろう！予想図入り作文に挑戦 ……… 088
- ㊷ なぞなぞに挑戦！答えを選んで理由を書こう ……… 090
- ㊸ どんな言葉にする？漢字なぞなぞづくりに挑戦 ……… 092
- ㊹ 絵から予想！漢字のなりたちを考えよう ……… 094
- ㊺ どうやってできたのかな？地図記号を探る ……… 096
- ㊻ 何を知りたい？天気図から学ぼう ……… 098
- ㊼ １枚の絵から考えよう！ミニ物語づくり ……… 100
- ㊽ 作文のコツを使って詩の分析に挑戦！ ……… 102

第5章 質問・対話力がアップする！面白国語ワーク

- ㊾ ジャンケンスゴロクお話タイム！ ……… 104
- ㊿ サイコロトーク！出た目のお題で話をしよう ……… 106
- ㋕ それは何か！答えに近づく質問を考えよう ……… 108
- ㋖ それは何か！答えに近づくヒントを考えよう ……… 110
- ㋗ まずは絵をじっと見る！質問を４つ考えよう ……… 112
- ㋘ 質問のコツ！５Ｗ１Ｈを使って問いを考えよう ……… 114
- ㋙ 分かりやすく説明しよう！クイズの答え ……… 116
- ㋚ 分かりやすく伝えよう！おり紙作品の作り方 ……… 118
- ㋛ 分かりやすく伝えよう！道案内 ……… 120
- ㋜ 調べたことを分かりやすく伝えよう！ ……… 122
- ㋝ 正しい話し方はどれかな？ ……… 124
- ㋞ メモして伝えよう！人から聞いた話 ……… 126

第1章　漢字力がアップする！面白国語ワーク

1 漢字を組み合わせて熟語づくりに挑戦！

■対象学年：1年～　■時間：10～15分

ワークの概要

　シャボン玉に書かれた2つの漢字を選んで，熟語を作るワークです。
　制限時間の中で，いくつ熟語を作ることができるかを競います。漢字の熟語を意識させることができる活動です。

● 進め方の例

❶ワークのシャボン玉の部分を拡大したものを提示する。
　T：漢字が書いてあるシャボン玉を2つ選んで，熟語を作ります。どんな熟語ができますか。
❷ワークを配る。
　T：1番は2分です。6個の熟語を見つけられますか？　早い人は，読み仮名なども書いてね。
❸2番，3番も2分で熟語探しをさせる。
　C：もう見つかった！　すぐに8個書ける！　読み仮名書いて，マスも増やすぞう！
❹いくつかの熟語を全員で唱える（ある子が作った熟語を提示し，全員で唱える）。
　T：今日は田中君が作った熟語をみんなで唱えてみましょう！

ここで差がつく！指導＆活用のポイント

● 1番2分，2番も2分というように，**制限時間を設けます**。限られた時間の中で，マスを全て埋めることができるかを競います。

● 時間内に，全てのマスを埋めて余裕のある場合は，読み仮名を書いたり自分でマスを増やしたりするといいとおさえています。

● ワークは1人で取り組ませるだけでなく，**何人かで挑戦**させてもいいです。友達と相談させながら熟語づくりに挑戦させると，自分の気が付かなかった熟語に出会います。

● このワークを家に持って帰らせ，**親子で熟語探し**を楽しむ場も設けています。

● シャボン玉の漢字を変えれば，何種類ものワークができます。

解答（例）

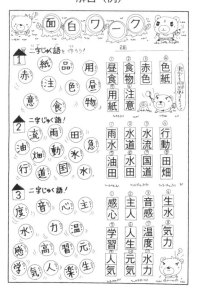

008

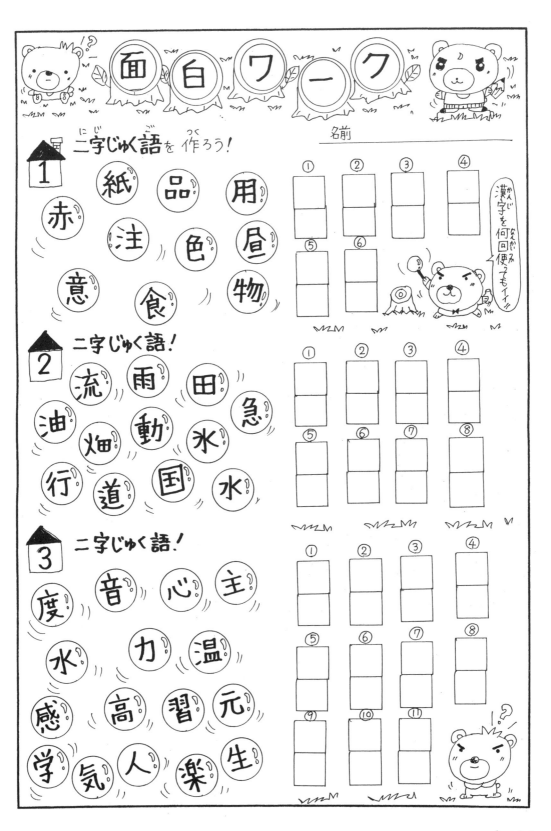

ジャンケン勝負！
いくつ熟語ができたかな

■対象学年：1年～　■時間：10～15分（1試合／5分）

ワークの概要

　2人組になります。ジャンケンをして，勝った方が2枚の漢字を選んで熟語を作ります。早く8個の熟語ができるか，または5分間で熟語の多い方が勝ちとなる漢字ワークです。

進め方の例

❶黒板に，ワークをA3判に拡大したものを提示する。
　T：これは，ジャンケン勝負熟語ワークです！　熟語を多く作った方が勝ちになるゲームです。
❷やり方を簡単に説明する。1名を指名してジャンケンをする。
　T：ジャンケンに勝った方が2枚のカードを選んで熟語を作ります。1試合5分です。
❸ワークを全員に配布する。2人組を作り，1試合目を行う（3人組も可）。
　T：早く8個の熟語ができるか，または5分で多くの熟語を作っていた方が勝ちです。
❹2試合目，3試合目と行っていく。
　C：「男女」ができた！　C：「兄弟」ができた！

ここで差がつく！指導＆活用のポイント

● このワークでは，漢字の熟語を意識させること，友達とコミュニケーションを取ることをねらっています。試合なので，勝ち負けはありますが，**試合の最後には握手をして終わるようにしています**。

● 2枚の漢字カードを組み合わせて熟語を作った時には，何ができたかをコールさせます。例えば「**男女**ができた！」「**人生**ができた！」と言うように言います。熟語を意識させるためです。

● 左の□の中が空欄のワークのひな形を用意することをおすすめします。左の□の中の漢字を変えるだけで，何度でも熟語づくりを楽しむことができます。

解答（例）

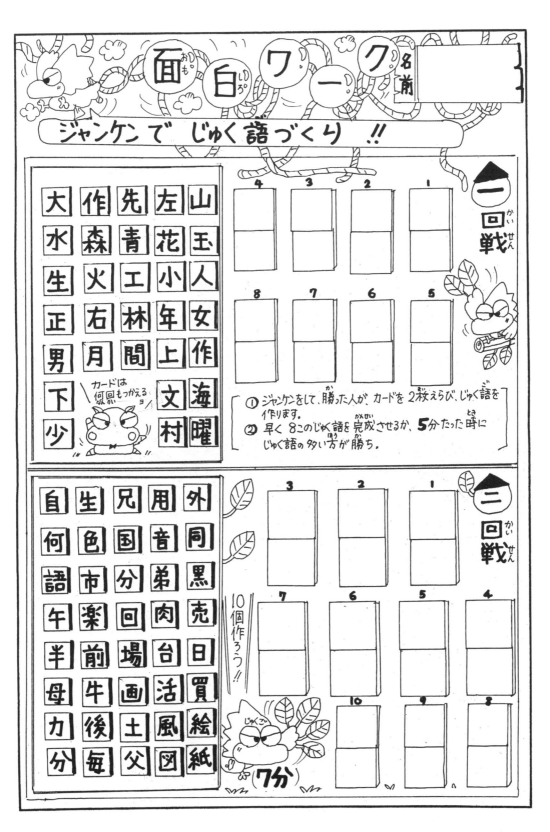

3 同じ部首を持つ仲間漢字を探せ！

■対象学年：3年～　■時間：10～15分

ワークの概要

共通の部首は何かを考えたり，同じ部首を持つ漢字を探したりするワークです。このワークをもとに，自分で同じような問題づくりに挑戦させます。漢字の部首を意識するようになります。

進め方の例

❶ワークを配布し，問題1の（れい）の説明をした後，問題1を解かせる。時間は1分。
　T：例に書いてあるように，共通する部首を探してください。時間は1分です。
❷1分後，全員で答えを発表し合う。できた漢字や部首を全員で唱える。
　C：ごんべん！　記！　計！　読（む）！
❸問題2のやり方を説明した後，2分ほど問題に取り組ませる。2分後，答えの発表をさせる。
　T：「札」です。指鉛筆で書きます。　C：「札！　1・2・3・4・5画！」
❹問題1，問題2を真似した問題を作らせる。問題のワクを配る。
　T：問題1と問題2を真似して「漢字の部首」問題を作ろう！　時間は5分です。

ここで差がつく！指導＆活用のポイント

- このワークの問題1は，1分ほど個人で考えさせた後，クラスのみんなで答えを発表し合います。**できた漢字や部首名を全員で唱えます**。
　「さんずい！」「波！　汽！　流！」
- 問題2は2分ほど個人で，その後全員で答えの発表をし合います。でき上がった漢字は，指鉛筆で1回ずつ机に書かせます。
　「茶！　1・2・3…9画！　くさかんむり！」
- 問題1，問題2を真似させ，**自分問題づくりに挑戦**させます。漢字の書いていないワクを用意して配ります。2～3人の友達と相談して，一緒に問題づくりに挑戦してもいいです。できた問題は，他の人に出したり掲示したりします。国語辞典・漢和辞典などの利用も可能です。

解答（例）

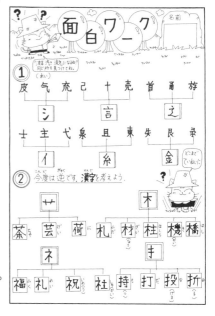

012

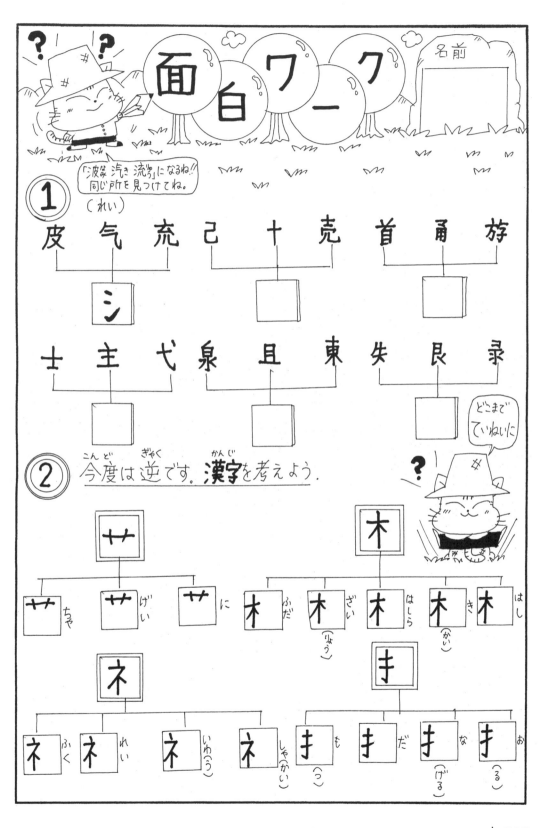

ジャンケン勝負！
部首を入れて漢字を完成せよ

■対象学年：2年～　■時間：10～15分

ワークの概要

　ジャンケンをして勝った方がビンの中から部首を選び，漢字を完成させます。時間内に，多くの漢字を完成させた方が勝ちとなる漢字ワークです。熟語を意識させることができます。

● 進め方の例

❶ワークを配布し，簡単なルールの説明をする。
　T：2人組になります。ジャンケンをして，勝った方が部首を選んで漢字を完成させます。
❷問題1をやらせる（1問につき制限時間は3分）。
　C：ジャンケン！　勝った！　さんずいを入れて「混」。ぼくは，番号に○をつけるね。
❸問題2，問題3とやらせ，試合の最後には握手で終わらせる。
　C：ありがとうございました！（握手）
❹同じワークに個人で挑戦させる。時間は5分。
　T：同じワークを，今度は1人で挑戦してください。時間は5分です。

ここで差がつく！指導＆活用のポイント

- 　ジャンケンをして勝つと，部首を選んで漢字を完成させるのですが，1つ漢字を完成させると1ポイントです。どちらが完成させた漢字か分かるように，番号に「○と△」で区別します。
- 　漢字が完成したら，**漢字の読みを2人で確認**します。たとえ，2人ともが読めない漢字があっても，試合後に読み仮名が書いてある「解答例」を掲示します。その解答例で確認するようになっています。
- 　試合が終わったら，同じワークを**個人で挑戦**させます。2回同じワークをさせることで，部首をより意識するようになります。
- 　ちなみに，学年に合わせて完成させる漢字を変えたワークを用意すると，何度でも楽しめます。

解答（例）

014

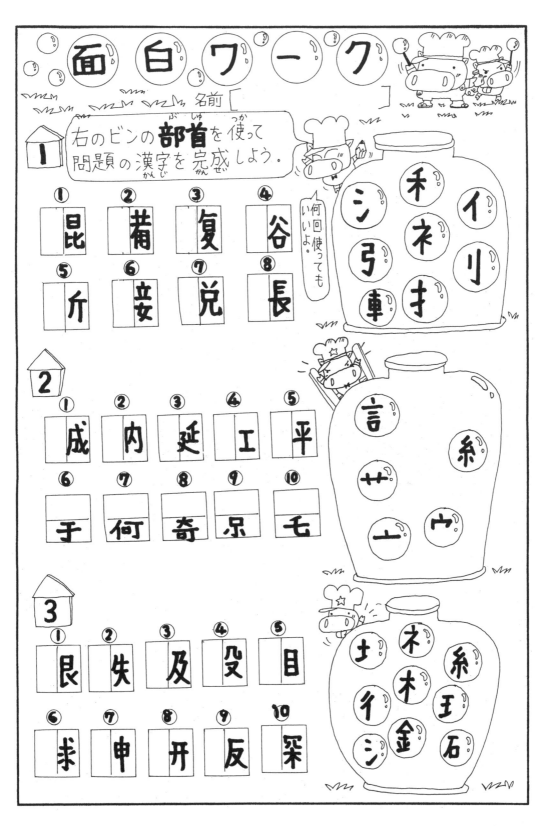

5 画数チェック！
この漢字の画数，何画かな？

■対象学年：1年～　■時間：10～15分

ワークの概要

このワークでは，指定した画数の漢字を見つけたり，1画の漢字から順番に，2画・3画・4画…10画の漢字を見つけたりするものです。画数を意識させることができるワークです。

進め方の例

❶黒板に漢字を書いて「何画か」質問をする。この流れを，3回程度繰り返す。

T：(「虫」を黒板に書く) この漢字は，何画ですか？(6画) 指鉛筆で書いてみましょう。

❷ワークを配る。1問ずつ制限時間3分にし，解かせる。3分後答え合わせをする。

T：制限時間3分です。1番の問題に挑戦です。スタート！

❸3番の問題の続きを書かせる。

T：3番は10画で終わっています。この続きをノートに書きましょう。

❹11画から，どんな漢字があったかを黒板に書かせる。

C：ぼくの11画の漢字は「魚」！　C：私は「強」！

ここで差がつく！指導＆活用のポイント

● それぞれの問題は，制限時間を3分にしています。当然，3分以内に問題を解けてしまう子がいます。こういう時は，「プラス1」という言葉を子ども達に浸透させています。例えば，色をつける。他の六画の漢字を空いている所か裏に書くなどのプラス1をしたかを尋ねます。

● ワークを集めた時に，プラス1をしている所には，花丸をつけています。こういうプラス1のワークは，すぐに掲示して「手本」となるように仕掛けます。

● このワークの後に，宿題として「ワークのひな型」を渡します。ヒントの看板の中の漢字や問題文の画数が書いていないものです。ワークづくりにも挑戦させます。

解答（例）

016

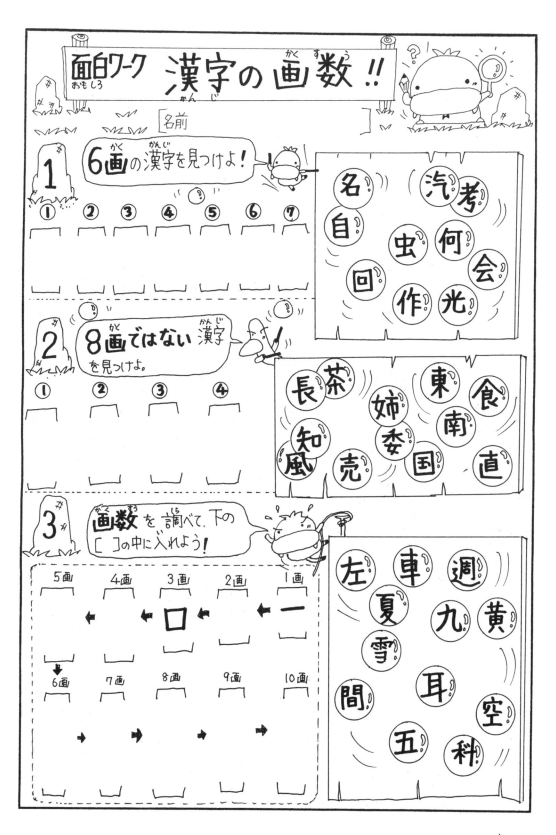

6 時間制限内で指示された画数の漢字を探せ！

■対象学年：1年～　■時間：10～15分

ワークの概要

□の右下に書かれた画数の漢字を「ヒント漢字カード」から探して書きます。制限時間内に，ゴールを目指します。1人で挑戦，ペアで挑戦といろんな挑戦の形を取ることができます。

● 進め方の例

❶ワークを拡大したものを提示し，（れい）を使って「やり方」の説明をする。
　T：□の右下の4は「4画」を表します。ヒントカードから4画の漢字を探して書きます。
❷ワークを配る。制限時間でゴールを目指すことを伝え，ワークをスタートする。
　C：ゴール目指して頑張るぞう！　漢字の画数をしっかり探すぞう！
❸誰が一番進んでいるか調べ，褒める。
　T：みんな，頑張ったね。田中君は，時間内にゴールしました（拍手！）。
❹漢字の画数を確認する。ヒント漢字カードから10個選んで，画数を調べる。
　T：ヒントカードの漢字の画数を確認します。「弟」は何画ですか。指鉛筆で確かめます！

ここで差がつく！指導＆活用のポイント

- ワークを，ペアで取り組ませることがあります。2人で相談しながら「画数」見つけをさせると，制限時間10分でほぼ全員ができます。一度，コツをつかんだ所で，同じワークを1人でやらせます。
- やり方に慣れさせるために，一緒に5つ程度「漢字の画数」探しをした後に，1人で探すことに挑戦させることもあります。
- 面白ワーク2枚目以降は，□の中の画数とヒント漢字カードの漢字を変えます。学年に応じて，漢字を変えます。例えば，3年生なら1枚目は1年，2枚目は2年というようにレベルを上げていきます。漢字の復習も兼ねて，ヒント漢字を変えています。

解答（例）

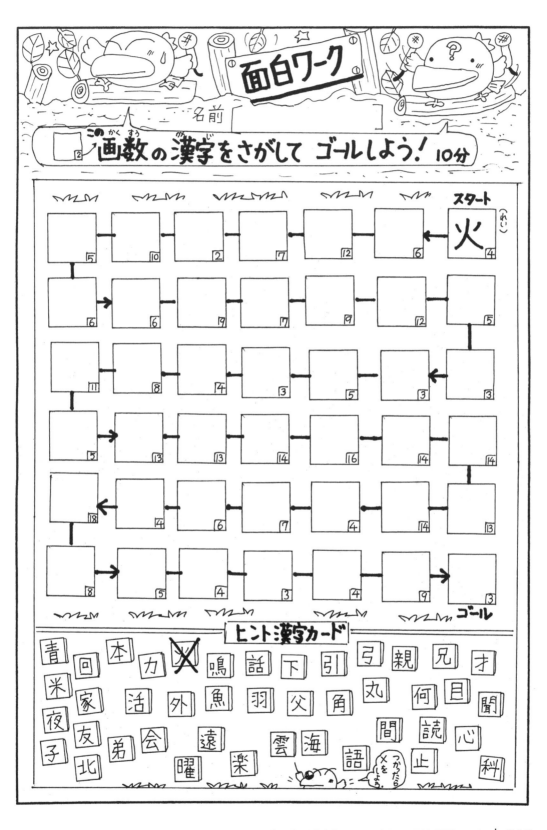

サイコロ勝負！いくつ画数ゲットできるかな

■対象学年：2年～　■時間：1試合7分　■準備物：サイコロ2個

ワークの概要

サイコロを2個転がします。出た目を合計します。合計の「画数」の漢字を探して線をつなぎます。制限時間内で，いくつ線をつなぐことができたかを競うワークです。

進め方の例

❶ワークを拡大したものを黒板に貼り，ルールの説明をする。

T：サイコロを2個転がします。「1」と「3」が出ました。合計すると「4」です。4画の漢字を探します。「分」が4画です。「分」と「4画」を直線でつなぎます。制限時間7分で，どれだけ直線をつなぐことができたかを競います。

❷ワークを一人ひとりに配る。「サイコロ転がし画数ゲット」ゲームをする。

T：ジャンケンして勝った方からサイコロを転がします。では，スタート！

❸勝敗を確認し，相手を変えて2回戦をスタートする。

C：今度こそ，勝つぞう！　さっきは3本の直線しか引けなかったから，それ以上目指す！

ここで差がつく！指導＆活用のポイント

- サイコロを転がして，合計が以前と同じだったら，直線は引けません。次の人が，サイコロを転がします。

- ワークは，次のように変えます。**「画数を変更」**…1回戦は3画～12画までの漢字でした。2枚目以降のワークでは「18画／臨」のような漢字も登場させます。当然，サイコロ2個では18にならないので，サイコロを1～3個まで自由に数を変えて使用していいようにしています。

- 「サイコロ1個でやります！」「サイコロ3個でやります！」とコールしてから，サイコロをふらせます。自分のねらっている「画数」に合わせて，**サイコロの数を変えられます**。

解答（例）

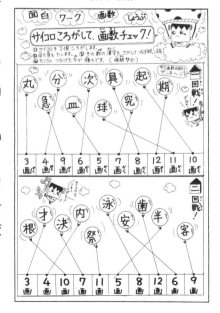

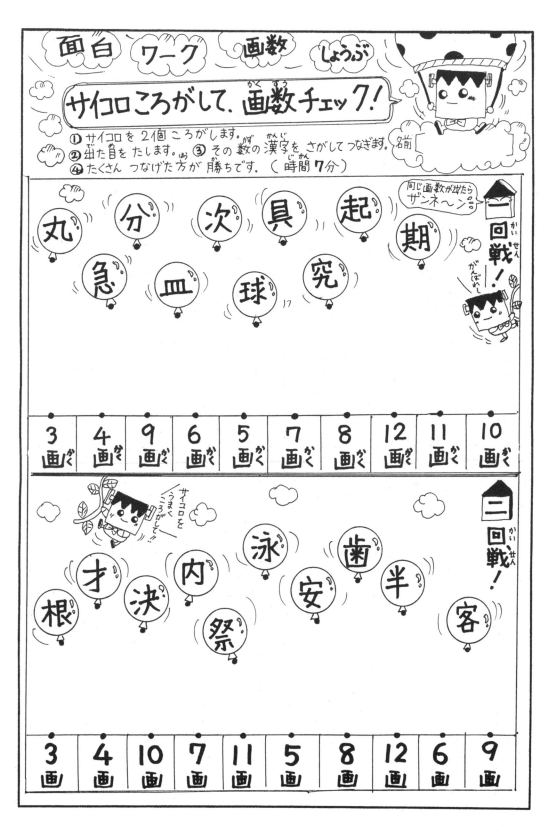

8 ヒントあり！同じ読みの漢字仲間を集めよ

■ 対象学年：3年〜　■ 時間：解答時間合わせて10〜15分

ワークの概要

　このワークは，同じ読みの漢字の入ったヒント袋から，問題の答えに合う漢字を探して書くというものです。制限時間内に，いくつ正しい答えを書くかを競います。

● 進め方の例

❶右のような問題を黒板に3問貼る。
　T：□の上には，全て「せん」という漢字が入ります。次のどの漢字が入ると思いますか（「船・戦・線・千・先・川・宣・専・浅」を書いた紙を貼る）。

❷どの漢字が入るかを，友達と相談させる。答えを発表し，「同じ読みの漢字」の確認をする。
　C：「せんいん」って船に乗る人だから「船」かな？　「せんぞ」は「先」かな？

❸ワークを配り，問題に挑戦させる。
　T：説明したように，ヒントの漢字の中から，問題の答えだと思う漢字を選んでください。

ここで差がつく！指導＆活用のポイント

解答（例）

- 　1回目は，やらせる問題を1問ずつに区切ります。「1問目！　制限時間2分です！」時間が来たら，すぐに答え合わせをし，自分で丸をつけさせます。同じように4問目までやって，いくつ丸があったかを数えさせます。
- 　2回目からは，4問目まで一気に解かせます。ちなみに，2回目も同じワークの問題を解かせます。ただし，制限時間は4問目で5分です。一度やっているので，すぐに書けます。早い子は，色をぬって待つか，裏に漢字練習をしておきます。
- 　3回目からは，制限時間8分です。答え合わせをした後，3分程度「辞典調べ」をします。他にどんな「同じ読みの漢字」があるかを調べさせます。

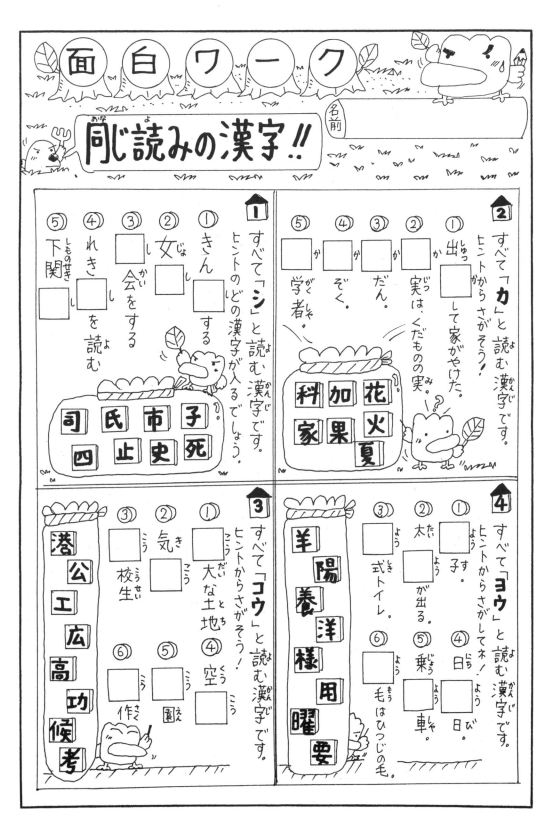

発見できるかな！
新聞からお題の漢字見つけ

■ 対象学年：1年〜　■ 時間：1ワーク5〜10分

ワークの概要

　新聞の一部を印刷したものの中から，5分間で「お題の13個の漢字」をいくつ見つけることができるかを競うワークです。

● 進め方の例

❶ ワークを配る。問題の解き方について説明する。

　T：ワークの中に，新聞の番組欄を印刷しています。この中から，お題の漢字13個を探します。1つ見つけると1ポイントです。同じ漢字が何回も出てきますが，見つけたら全て丸をしてください。丸の数だけポイントになります。

❷ 制限時間を設けて，ワークの問題解きをスタートする。

　T：制限時間5分です。（高学年の場合）よーい，スタート！

❸ いくつ見つけたかを数え，ポイントを名前のそばに書く。

　C：ぼくは21ポイント！　私は25ポイント！

ここで差がつく！指導＆活用のポイント

● 学年に応じて，お題の漢字を変えます。1年生の場合は，「**漢字とカタカナ**」をお題にすることもあります。

● お題はそのままで，**新聞を変える**こともあります。

● **サービスポイント**漢字を用意しています。例えば，このワークでは「千」を見つけていたら5ポイントにします。見つけにくい漢字を高いポイントにしています。どの漢字がポイントが高いかは，丸を数える時に発表します。

● 家に2枚持って帰らせ，**親子または兄弟**対決をさせることもあります。

解答（例）

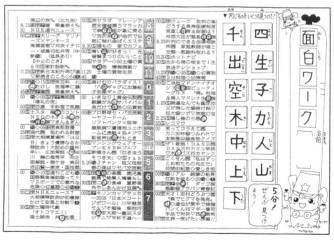

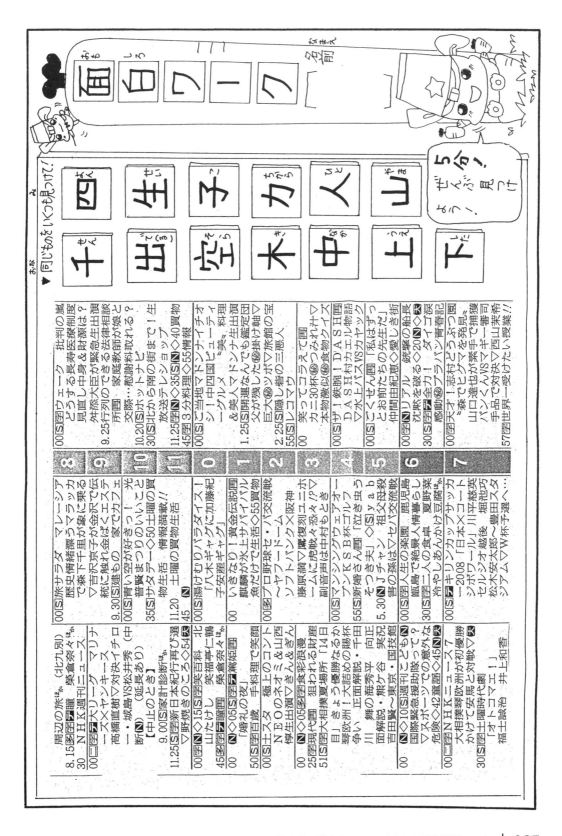

ジャンケン勝負！カタカナ使って漢字づくり

■対象学年：1年～　■時間：10～15分

ワークの概要

ジャンケンをします。勝ったら，袋の絵の中に入っているカタカナを2枚選び，くっつけて漢字を作ります。制限時間内に多くの漢字を作った方が勝ちです。

進め方の例

❶黒板に，右のようなカードを3枚貼る（または，書く）。

T：これはカタカナカードです。これらのカードを2枚使って漢字を3つ作ってください。友達と相談していいです。時間は1分です。

❷どんな漢字ができたか，発表させる。

C：ぼくは，口と口で「回」を作りました（その他「公」「台」）。

❸ワークを配り，ルールを説明した後，スタート。

T：ジャンケンをして，勝った人が2つのカタカナを選んで漢字を作ります。制限時間内に，たくさん漢字を作った方が勝ちです。では，始めましょう！

ここで差がつく！指導＆活用のポイント

- 1回戦が終わっても，すぐに2回戦をやりません。1分ほど，**情報交換**をします。「どんな漢字を作ったか」を10人以上の人と見せ合います。「なるほどー，これとこれを合わせると，こんな漢字ができるんだね」こんな風に，気がつかなかった漢字と出会うことができます。

- 2枚目のワークからは，ジャンケンで勝ったら，カード2枚だけでなく3枚以上取ってもいいことにしています。例えば「呂」は「口2つとノ1つ」でできます。

- 次のような組み合わせもOKにしています。例えば，「ノ＋ツ＋ワ＋ヌ」で「受」。少しおかしい所もありますが，認めます。**考えること**を大切にしています。

解答（例）

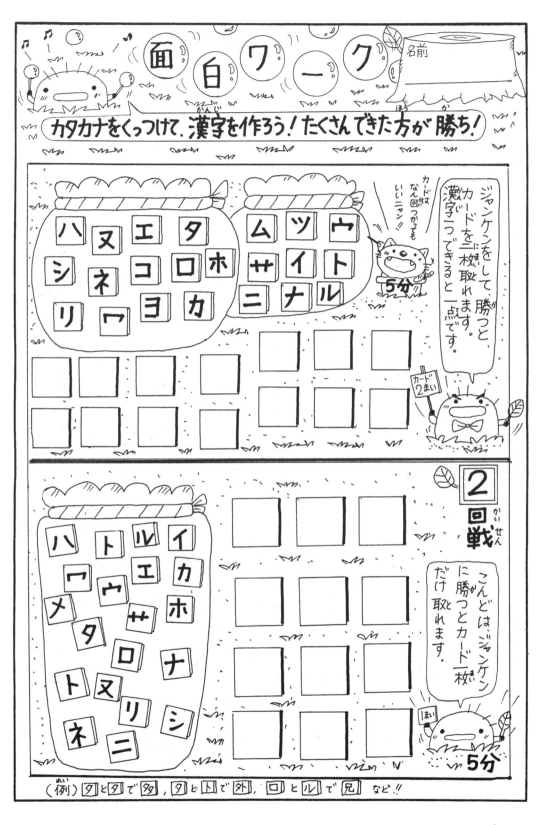

11 ジャンケン勝負！漢字なぞり陣取りゲーム

■対象学年：１年〜　■時間：１０〜１５分

ワークの概要

２人組になります。ジャンケンをして，勝った方が「１つの漢字」をなぞります。制限時間内で，多くの漢字をなぞっていた方が勝ちです。漢字の練習にもなります。

● 進め方の例

❶ワークを配って，ルールを説明する。

T：２人組で１枚のワークです。ジャンケンをして，スタート①と②のどちらから始めるか，決めてください。スタートが決まったら，ジャンケンをします。勝ったら，漢字を１つだけなぞることができます。制限時間１０分で，多くの漢字をなぞっていた方が勝ちです。

❷漢字陣取りゲームをスタートする。

C：ぼくは，スタート①から行くね。ジャンケン，ホイッ！　勝った！　「右」をなぞるよ。

❸どっちが多くなぞっているか比べる。

T：制限時間１０分になりました。どっちが多く漢字をなぞっているか，数えてください。

ここで差がつく！指導＆活用のポイント

解答（例）

- 漢字をなぞる時，**読み仮名**を必ず言わせます。例えば，「右」をなぞる時は「みぎ！」と言ってからなぞります。
- どっちが多くなぞっているか一目で分かるように，赤ペン・青ペンでなぞらせます。赤ペン・青ペンを用意できない場合は，マジックでなぞらせるといいです。太い線になり，漢字がよく目立ちます。
- 漢字なぞり陣取りワークは，１〜６年生編を作るといいです。１ワークで６３個の漢字なので，それぞれの学年で約２枚のワークを用意できます。漢字をなぞりながら，漢字の復習・予習に取り組むことができます。家に持って帰らせ，**親子で勝負**という場も設けています。

028

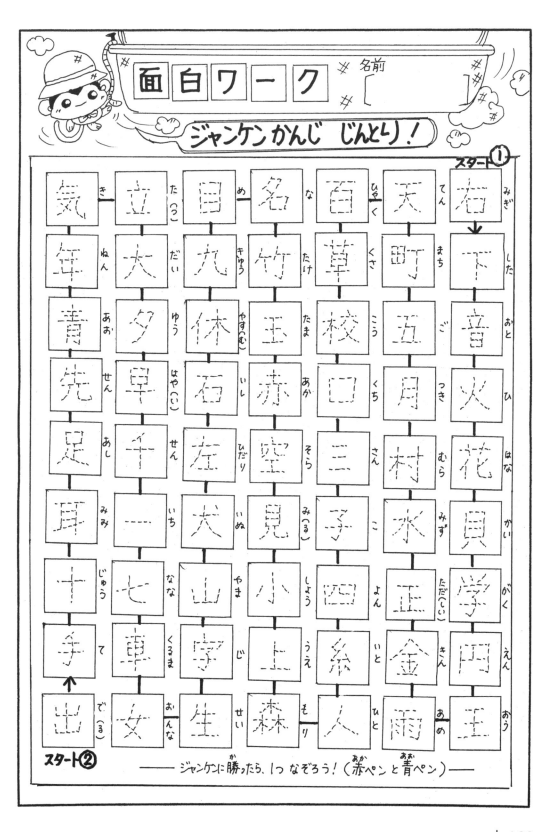

サイコロ勝負！
いくつ漢字が完成するかな

■対象学年：1年〜　■時間：10〜15分　■準備物：サイコロ

ワークの概要

　サイコロを転がします。出た目の数だけ，漢字を少しずつ書きます。例えば，4が出たら4画分だけ漢字を書きます。10回サイコロを転がして，漢字が多く完成した方が勝ちです。

進め方の例

❶サイコロを転がす。

　T：5が出ました！　虫の5画分だけ書けます（右の図のように書く）。

❷ワークを配り，ルールを説明する。

　T：黒板にやったように，サイコロを転がして，出た目の数だけ漢字を書きます。どの漢字から書き始めてもいいです。サイコロを転がすのは，1人10回です。10回でいくつ漢字ができたかを競います。

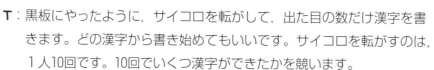

❸できた漢字の数を調べる。

　C：ぼくは，2つしかできなかった！　あー，もう少しで4つできたのになあ。

ここで差がつく！指導＆活用のポイント

- ルールを変えて，行うこともあります。「制限時間5分でいくつ漢字ができるか」「サイコロを2個にする」
- 漢字完成対決は，2人組だけでなく，3〜4人組で行うこともあります。その時は，制限時間を少し長くします。
- 書く漢字は，学年によって変えています。高学年になると，画数の多い漢字が多くなります。
- 「ラッキーチャンス」を作っています。ラッキーチャンスとは，転がしたサイコロの数が2倍になります。サイコロ2個で「12」になったら，2倍の「24」です。自分で「ラッキーチャンスを使います」と言って，サイコロを転がします。

解答（例）

第2章　言語力がアップする！面白国語ワーク

13 ひとりで，みんなで，言葉集めに挑戦！

■対象学年：1年〜　■時間：1問につき2分

ワークの概要

「□のつく言葉」集めをするワークです。□の中には「あ」「くり」「アマ」「春」など平仮名・カタカナ・漢字いろいろと入ります。制限時間で，全てのマスが埋まれば合格です。

進め方の例

❶ワークを配る。問題1を制限時間2分でやらせる。
　T：制限時間2分です。マスの中が全部埋まったら合格です！
❷2分後，書いた言葉を発表させる。
　T：この言葉は，他の人は書いていないだろうという自信のある人，発表してください。
❸問題2，3，4を解かせる。全て制限時間は2分。
　T：マスを全て埋めても，時間の余裕のある人は，裏にも言葉を書いてください。
❹問題2，3，4の中から，とっておきの言葉を発表させる。
　C：ぼくは「かしわもち」という言葉を書きました！

ここで差がつく！指導＆活用のポイント

- 1問目は8個，2問目は10個，3・4問目は12個の言葉を見つけることができれば合格です。ただ，その数を書いても時間が余っていたら，ワークの裏に言葉をどんどん書いていいことにしています。ワークを集めた後に，たくさんの花丸をもらえます。

- このワークに慣れてきた頃に，次のようなゲーム要素を入れることがあります。「時間制限内**言葉集めが最高の人は誰だ！**」「**先生が書いていた言葉と，同じものを書いていたのは誰だ！**」「チーム戦！2人組になって言葉集め！　一番多く言葉集めをしたのは，どのチームか！」言葉集めを飽きさせることなく，楽しみながら取り組ませる仕掛けになっています。

解答（例）

032

14 ひとりで，みんなで，短文探しに挑戦！

■対象学年：2年～　■時間：15分

ワークの概要

「目がさめる」「お湯がさめる」「興味がさめる」，同じ動詞「さめる」でも意味が違います。このワークでは，同じ動詞でも意味が違う短文を探します。1人または何人かで探します。

● 進め方の例

❶黒板に「人の役にたつ」「腹がたつ」と書く。同じ「たつ」でも意味が違うことを確認する。
　T：一緒に読んでみましょう。「人の役にたつ」「腹がたつ」！　同じ「たつ」がつきますが意味は同じですか？　違いますか？（挙手）。そうです，違います。こんな風に，同じ言葉がついていても意味が変わる短い文を，いろいろと探してみましょう！
❷ワークを配って，同じ動詞でも意味が違う短文づくりをさせる。1～3人でやらせる。
　C：「みる」ならいっぱいある！　浮かんだ短文を5つ書くぞう。
❸制限時間（10分）が来たら，発表タイム（3分）を設ける。
　T：「ふく」や「かく」などの短文を発表するぞう。ハイッ！

ここで差がつく！指導＆活用のポイント

● （　）の数以上に短文が浮かんだ時には，空いている余白に，言葉を書かせます。ワークを集めた時に，丸だけでなく花丸をして返します。

● 制限時間は10分ですが，5分経ったところで，**国語辞典**を調べていいことにしています。辞典には，意味と例文が書いてあります。見つけた例文を書いてもいいことにしています。

● 1枚目のワークには，動詞を事前に書いたものを印刷しています。2枚目からは3ヶ所は書いていません。子ども達が考えて埋めます。例えば，「させる」「きく」「しまる」など，自分で決めた動詞で短文集めをします。

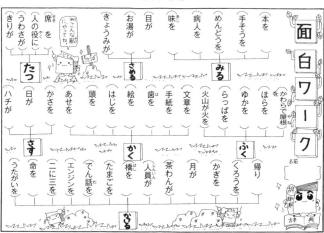

解答（例）

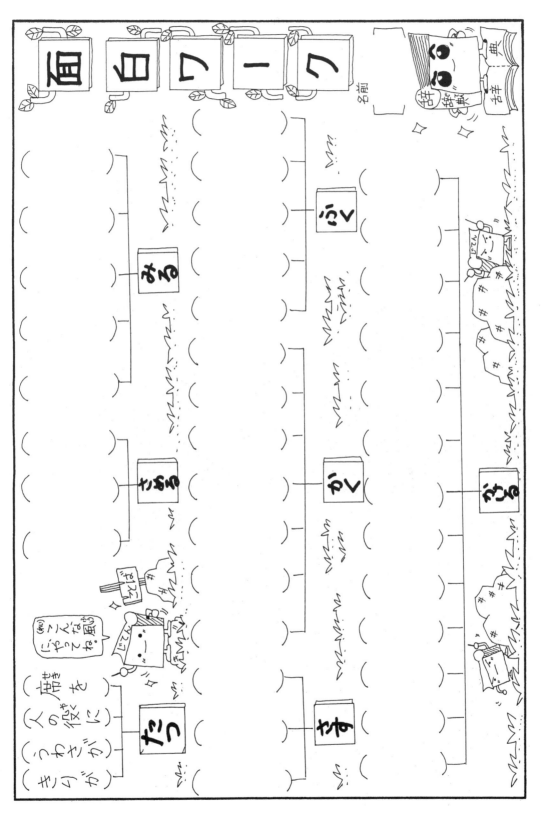

15 ひとりで,みんなで,専門言葉ミニミニ辞典づくり！

■対象学年：2年～　■時間：15分

ワークの概要

このワークは,1人または何人かで「専門的な言葉」をミニミニ言葉辞典として集めるものです。例えば「野球言葉」「魚釣り言葉」「アニメ言葉」「時代劇言葉」などを集めます。

進め方の例

❶右の紙を貼って,質問する。
　T：これらの言葉は,どんな時によく使われる言葉ですか。
❷ワークを配り,「ミニミニ言葉辞典」を作る。
　T：サッカーの言葉のように,専門的な言葉をたくさん集めて,ミニミニの言葉辞典を作りましょう。まずは,何の言葉を集めるか,決めてください。
❸1人または何人かで,言葉集めをする。
　T：辞典や図書室の本などを使って,言葉集めをしましょう。友達と集めてもいいです。

> フォワード・ディフェンダー・ゴールキーパー・アシスト・オフサイド・キープ・トラップ…

ここで差がつく！指導＆活用のポイント

● 言葉集めをする時には,辞典・図書室の本だけでなく,友達から情報を得たりインターネットを調べさせたりします。
● 制限時間は15分。15分間で,ミニミニ辞典の完成は難しいです。15分で,どんな言葉を集めるか。何を使って集めるかまでは,決めます。あとは,国語の時間や朝学の時間,宿題としてやらせます。
● 言葉を早く集めることができた人のワークは,「手本」として掲示します。
● 全員で「学校につながる言葉ミニミニ辞典」を作らせることもあります。みんなで1つのものを完成させます。

解答（例）

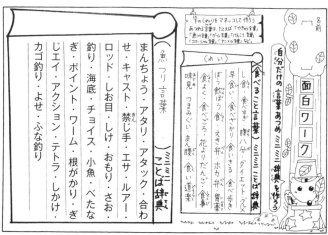

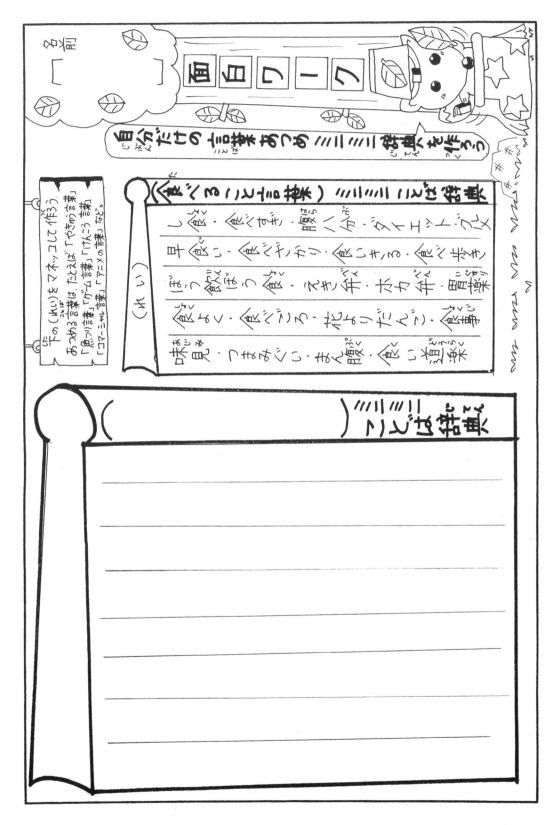

16 なぞなぞ解いて仲間言葉集めに挑戦！

■対象学年：2年～　■時間：10～15分

ワークの概要

ワークには，なぞなぞが数問あります。答えは全て，同じ言葉で終わります。ワークに，答えのヒントが書いてあるので，ヒントからなぞなぞの答えに合う言葉を探します。

● 進め方の例

❶なぞなぞを出す。答えは，全て「タイ」で終わることを話す。
　T：安らかな「タイ」ってなあに。現役から退く「タイ」ってなあに。あとのことが気にかかる「タイ」ってなあに。　C：「あんたい！」「いんたい！」「うしろめたい！」

❷ワークを配る。問題1・2を制限時間5分で解かせる。
　T：ワークは，「エン」「セン」で終わる言葉です。なぞなぞを解いて，答えをヒントカードの中から探して書いてください。

❸答え合わせをする。最後に，ヒントカードのない「おまけ問題」を出す。
　T：果てしなく長く続く「エン」ってなあに？　C：「えいえん」です。

ここで差がつく！指導＆活用のポイント

- ワーク2枚目以降の問題を作る場合は，『逆引き辞典』を使って作るといいです。『「カン」で終わる』『「カイ」で終わる』『「シイ」で終わる』などを決めたら，逆引き辞典で言葉を探し，なぞなぞ問題を自作します。

- 「電子辞書」を教室に置いておきます。アプリに「逆引き辞典」が入っていると，電子辞書を使って，言葉を探す子も出てきます。

- ワーク2枚目以降の問題には，「なぞなぞ問題」を作らせる活動もあります。まずは，「カイ」で終わる言葉をノートに書かせ，発表させます。出てきた言葉を全て板書し，なぞなぞ問題を作らせます。辞典を使って「言葉の意味」を調べると，なぞなぞ問題の文章がを考えやすくなります。

解答（例）

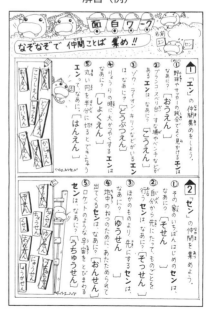

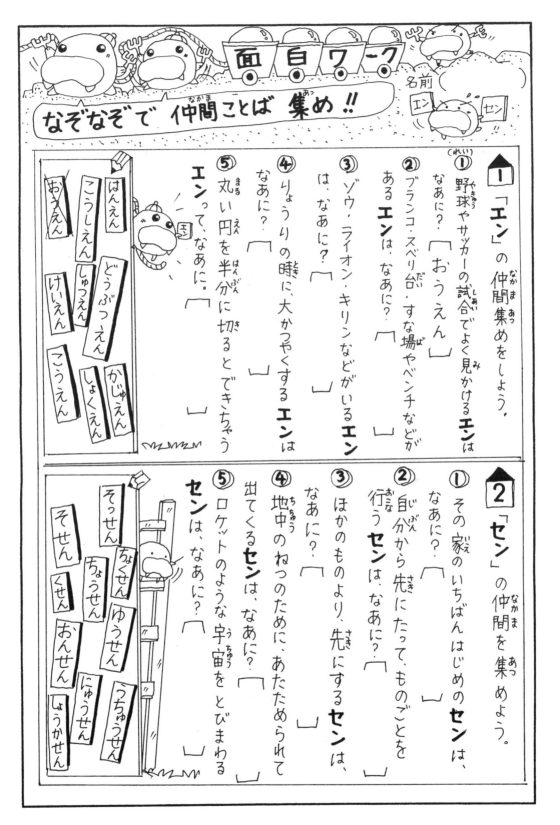

17 しりとり迷路に挑戦！どんな言葉ができるかな

■対象学年：1年～　■時間：10～15分

ワークの概要

正しい迷路の道を通ると，しりとりが完成します。どんな言葉が隠されているかを探すワークです。言葉を意識し，語彙を増やすことができます。

進め方の例

❶右のような「迷路」を見せる。

T：これは「言葉の迷路」です。「こ」からスタートして「し」にゴールします。正しい道を通ると「しりとり」になっています。一緒にやってみましょう。

❷答えの確認をして，ワークを配る。

T：「こま→まり→りす→すし」になりますね。

❸ワークの迷路に挑戦させる。制限時間7分。

C：ごまかしの道に行かないよ！

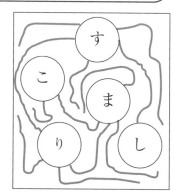

ここで差がつく！指導＆活用のポイント

● ごまかしの道はあるものの，簡単な迷路です。7分もあれば，全ての言葉を見つけることができます。ただし，迷路の道は「赤鉛筆」で丁寧に色づけさせます。

● 迷路を通ってできた言葉の確認をした後，ワークを裏にします。ワークの裏面には，○の中の「平仮名を消したもの」を印刷しています。「自分でしりとり問題づくり」ができるようになっています。迷路はそのままですが，しりとりを変更させるのです。この時，スタートの言葉だけは揃えます。例えば「い」スタートにします。同じスタートでも，いろんな二字しりとりができます。でき上がったら，友達同士見せ合って，しりとりを楽しみます。

解答（例）

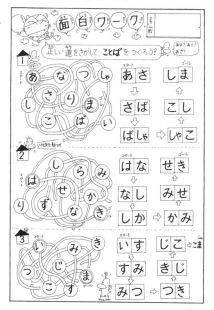

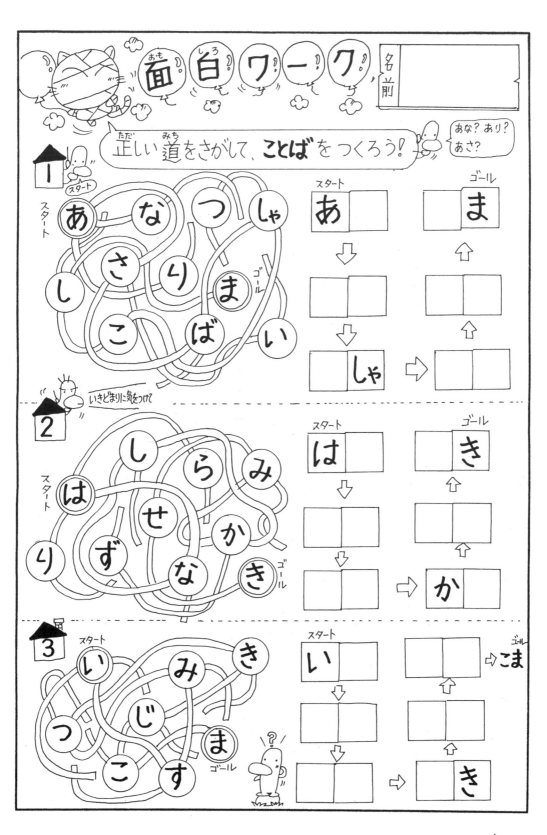

18 どのカードが入るかな！しりとりを完成せよ

■対象学年：1年～　■時間：10～15分

ワークの概要

ヒントのカードを上手く並べ替えると，しりとりの道が完成します。問題によっては，使わないカードも入っているので，言葉のつながりをしっかりと考える必要があります。

● 進め方の例

❶右のような4枚のカードを黒板に貼る。
　T：4枚のカードの順番を変えると，しりとりになっています。どんな順番に並べますか。
　C：「しりとり→りす→すきやき→きつね」だ！

❷ワークを配り，1番を挑戦させる。
　T：使わないカードもあるから，よく考えて！　制限時間3分（学年によって最長5分）です。
❸どんなしりとりになったか発表させ，2番に挑戦させる。制限時間5分。
　C：「りんご→ごりら→ラジオ→おの→のこぎり…」です！

ここで差がつく！指導＆活用のポイント

- 1番は，1人で考えさせます。2番は，友達と相談させます。友達と，相談させることで**対話力**も同時にアップします。
- 制限時間内に，しりとりが完成した子には，**プラス1**をさせています。例えば，「しりとりの続きを裏に書かせる」または「イラストに色をつける」などです。
- カードを空白にした「**フレームだけワーク**」を用意すると，2枚目からも，しりとりの言葉が違うように作って，何度も「しりとり遊び」ができます。
- 「しゃこ」のように子ども達に馴染みが薄い言葉は，ワーク後に辞典で，意味調べを一緒にします。

解答（例）

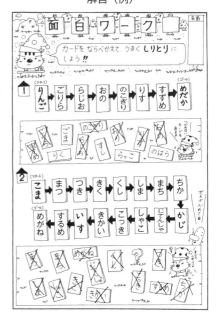

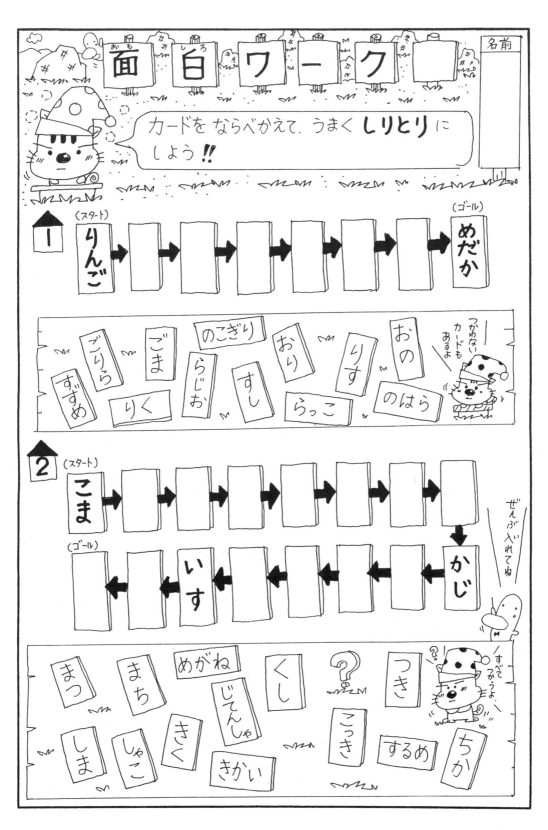

19 ジャンケン勝負！いくつ言葉ができるかな

■対象学年：1年～　■時間：10～15分

ワークの概要

2～3人組でジャンケンをします。勝った人が，カードを何枚か使って言葉を作ります。制限時間内に，たくさんの言葉ができた人が勝ちです。

● 進め方の例

❶右のような紙を，A3用紙2枚サイズで提示する。
　T：ここに出ているひらがなカードをいくつか使って，言葉を作ってください。例えば「ご」と「ま」で「ごま」です。
❷できた言葉を発表させた後，ワークを配り，言葉づくりに挑戦させる。
　C：「も・ち・ご・め」です！　　C：「い・か」です！
　T：今度はワークで挑戦です。できた言葉を書いてください。制限時間10分です。
❸できた言葉を発表させた後，ワークを集める。
　C：「つ・り・わ」です！

ここで差がつく！指導＆活用のポイント

- 制限時間10分で，全てのマスが埋まった子には，空いている所に「プラス1」をするよう指示しています。例えば，1番は4つ書ければ合格ですが，それ以上見つけた場合には，空いている所にどんどん書くように言っています。

- 1人で挑戦させるだけでなく，2人組または数人の班で言葉づくりに挑戦させることもあります。友達とわいわい言いながら，言葉づくりを楽しむ場にしています。

- 「ジャンケン言葉づくり」というゲームにすることもあります。ジャンケンをして勝ったら，言葉を作ることができます。早く定められた数を作ることができた方が勝ちです。例えば，1問目なら4つできた方が勝ちになります。

解答（例）

面白ワーク　名前

カードをくっつけて、ことばをつくろう！
〜 カードは、なんかい つかっても いいよ 〜

I

① _____
（れい）
② あめ _____
③ _____
④ _____

カード：ご・た・か・あ・め・ま・い・も・さ・ち・し・ら

II

① _____ ④ _____
② _____ ⑤ _____
③ _____ ⑥ _____

カード：う・く・ば・は・も・つ・わ・み・け・り

III

① _____ ⑥ _____
② _____ ⑦ _____
③ _____ ⑧ _____
④ _____ ⑨ _____
⑤ _____ ⑩ _____

カード：き・く・り・ぞん・い・っ・ぴ・ん・じ・て・う・ぎ・しゃ・ぷ・で・しゅ・え

20 言葉のたし算完成！どんな言葉ができるかな

■対象学年：3年～　■時間：10～15分

ワークの概要

このワークでは，言葉のたし算の後半部分を（「飛び（　　）」のように）隠しています。ヒントとして書かれている「意味」を手がかりに，言葉のたし算（「飛び移る」）を完成させます。

● 進め方の例

❶右のような「言葉のたし算」のカードを数枚見せ，問題を出す。
　T：「飛び（　　）」…意味から（　　）の中にどんな言葉が入るか分かりますか。友達と相談してください。

❷辞典で「飛び歩く」を調べる。他の「言葉のたし算」も確認する。
　T：「飛び歩く」を辞典で調べます。辞典を調べると，他にも「飛び上がる」「飛びかかる」「飛び込む」などの言葉のたし算がありますね。

❸ワークを配り，問題を解かせる。
　T：同じように「言葉のたし算」を，意味を読んで完成させてください。時間は10分です。

飛び（　　）
意味　いそがしくほうぼうへ行くこと。

ここで差がつく！指導＆活用のポイント

- まずは，意味を読んで，ヒントから「言葉のたし算」に合う言葉を選ばせます。制限時間10分で，20個の言葉のたし算を完成させます。時間に余裕がある子は，**辞典で一つ一つ確認**させます。確認した番号には「〇」をつけます。

- 10分経ったら，答え合わせをします。その後，20個の言葉のたし算から3つほど**問題**を出します。意味を言うだけで，どんな言葉のたし算だったか覚えているかを確認します。

- 同じワークは，**2回やる**といいです。ただし，2回目は制限時間を5分にします。「言葉のたし算」を覚えているか，確認するためです。

- このワークを手本にさせ，子ども達に「言葉のたし算」問題を，ノートに作らせることもします。

解答（例）

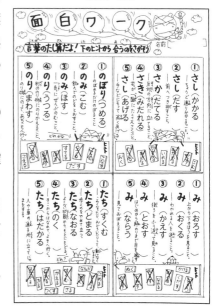

046

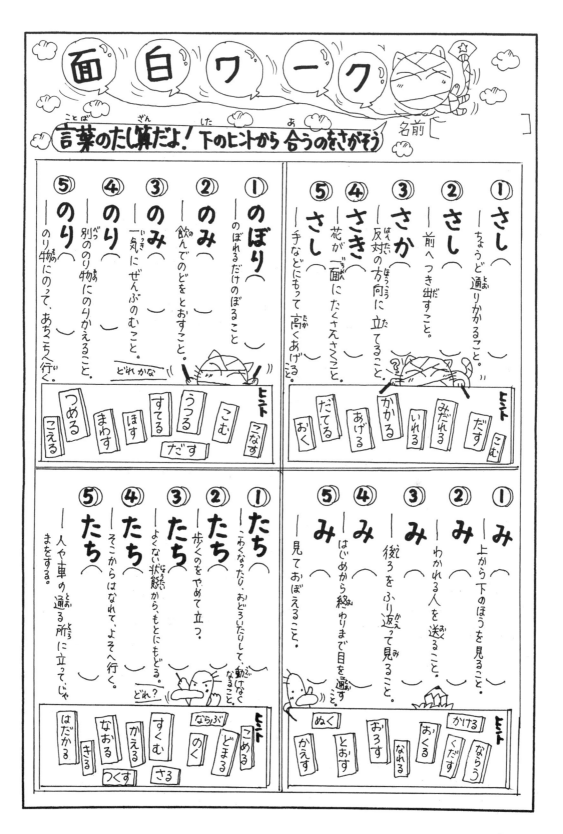

21 ヒントあり！いくつの外来語が分かるかな

■対象学年：2年〜　■時間：10〜15分

ワークの概要

ヒントをもとに，外来語を完成させるワークです。日頃耳にする外来語が，どこの国からやってきた言葉かを意識するようになります。

進め方の例

❶右のような紙を黒板に貼って，問題を出す。
　T：①も②も英米からきた外来語です。①は食べ物，②は楽器です。
　C：ソーセージだと思います。　C：ギターです！

❷ワークを配る。簡単な説明をした後，5分で穴埋めをさせる。
　T：少し書いてある言葉をもとにして，外来語を全て完成させてください。4分経ったところで，合図するので友達と相談していいです。

❸外来語を発表させる。「食べ物」「洋服・医薬」「その他」という順で発表させる。
　C：クリームです。サラダです。チーズです。カステラです。…（以下略）

ここで差がつく！指導＆活用のポイント

- ヒント言葉を入れることで，1回目は5分で**簡単に見つけることができ**ます。2回目からは，一番初めの言葉だけを書いたワークにしています。よく考えないと，簡単には答えを見つけることができないようにします。

- 教室には，『**外来語辞典**』や『**カタカナ語辞典**』などを置いています。このワークの後，外来語やカタカナ語に興味を持つ子ども達。すぐに辞典を使って調べ，自学のテーマにする子が増えてきます。自学で調べてきた外来語などは，すぐにコピーして，子ども達の目に触れるように掲示します。

- 宿題として「**外来語ばっかり作文**」を出すことがあります。外来語を強く意識させる場です。

解答（例）

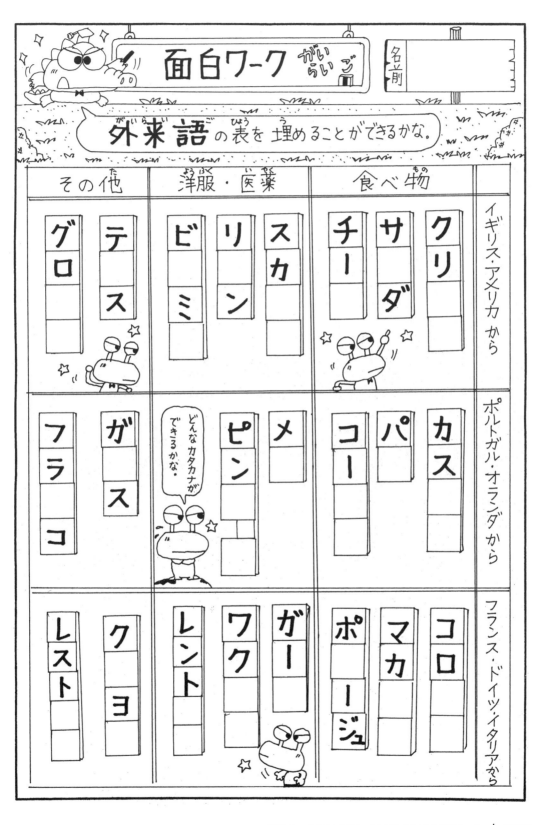

どれを選ぶ？
正しいことわざを完成しよう

■対象学年：1年〜　■時間：10〜15分

ワークの概要

いくつか用意されている選択肢の中から，正しいことわざにするために1つの言葉を選ぶワークです。制限時間内に全て選択して，最低5つ覚えることに挑戦します。

進め方の例

❶右のような問題を書いた紙を黒板に貼る。
　T：3つの中に正しい言葉があります。どれですか。まずは，全部，読んでみましょう。

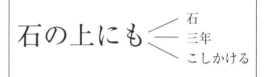

❷同じような問題を数問解かせる。
❸ワークを配り，問題を解かせる。
　T：16問あります。正しいことわざを作ってください。制限時間は5分です。
❹答えを発表。発表後，5分間で最低5つのことわざを覚えさせる。
　T：今から5分で，最低5つのことわざを覚えてください。後で問題を出します。

ここで差がつく！指導＆活用のポイント

- 子ども達は，選択肢を読むだけで大笑いをします。「急がば寝てろ」なんてふざけた選択肢ですが，こういう選択肢があることで，ことわざが印象づきます。子ども達が，**くすっと笑える選択肢**を用意するようにしています。

- ことわざを覚える量が増えてきたら，すぐに市販または自作の「**ことわざカルタ**」をすることをおすすめします。ワークで覚えたことわざを生かす場となります。

- このワークを真似して，子ども達も「正しいことわざを完成しよう」問題を作ってきます。特に，選択肢を何にするか考える過程で，言葉の力をつけていきます。

- 教室に，**ことわざ辞典**を常に置いています。

解答（例）

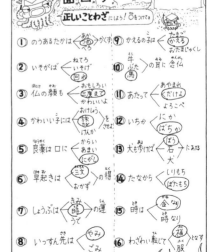

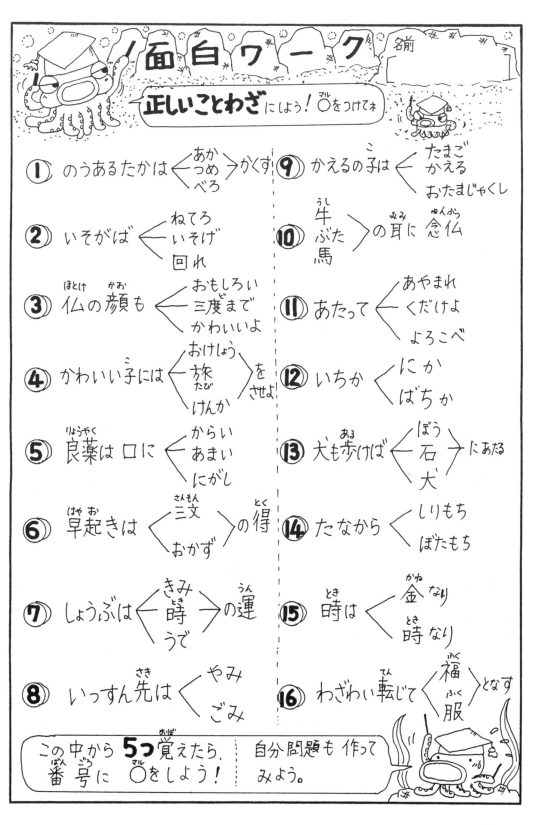

23 暗号は何？ 全ての反対語を見つけよう

■対象学年：2年〜　■時間：10〜15分

ワークの概要

ヒントの中から，16個の言葉の反対語を見つけるワークです。見つけた反対語に色をつけると，2つのカタカナ（暗号）が出てきます。制限時間内に，そのカタカナを見つけます。

進め方の例

❶右のようなカードを数枚見せて，反対語を考えさせる。
　T：「上」の反対は？　C：下！　T：「古い」の反対は？　C：新しい！

❷ワークを配る。簡単にやり方を説明した後，問題を解かせる。
　T：16個の言葉の反対語を，下のヒントから探します。見つけた反対語に色をつけます。

❸答えを発表させる。
　T：「明るい」の反対語は？　C：「暗い」です。

❹ヒントのコーナーに色をぬると出てきた，「暗号」を確認する。
　T：何というカタカナが2つ出てきましたか。　C：「ロ」と「ニ」です。

ここで差がつく！指導＆活用のポイント

- このワークの裏には，同じ問題を印刷しています。ただ，**裏面**には「ヒント」のコーナーを印刷していません。ヒントがなくても，「反対語」を書くことができるかを試します。答え合わせをした後に，制限時間3分でどれだけ書くことができるかに挑戦させます。

- この「反対語」は，**掲示自学**としても使用しています。下の図のように「楽」と書いた紙をめくると「苦」という反対語が書いてあります。めくって反対語を学び，親しめるようにしています。

解答（例）

めくる

052

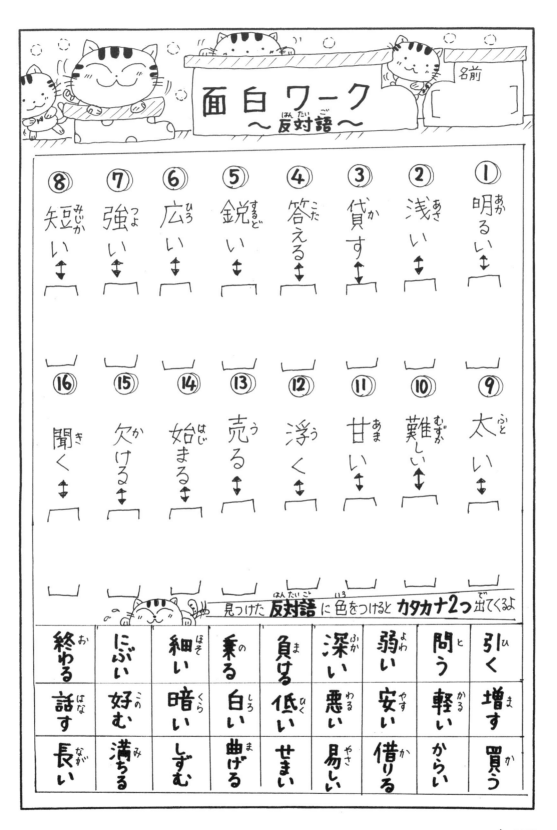

24 迷路を通って四字熟語発見！記憶にも挑戦

■ 対象学年：3年〜　■ 時間：10〜15分

ワークの概要

　迷路の正しい道を通ると，6つの四字熟語が完成します。制限時間内に，6つの四字熟語を見つけ，覚えるワークです。四字熟語に関心を持つようになります。

進め方の例

❶ワークを配り，やり方を説明する。説明後，挑戦させる。

　T：スタートとゴールをおさえてください。スタートから正しい道を通っていくと，四字熟語が次々とできます。全部で6つです。制限時間7分で正しい道に色をぬったり，見つけた四字熟語をマスの中に丁寧に書いたりしてください。では，スタート！

❷答えの四字熟語を確認した後，四字熟語を全て覚えさせる。

　T：答えの四字熟語を発表してください。「一心同体」「弱肉強食」「快刀乱麻」…です！今から制限時間3分で，6つの四字熟語を全て覚えてください。

❸知っている四字熟語を発表させる。または，辞典で調べさせる。

　T：知っている四字熟語はありますか。　C：「悪戦苦闘」「意気消沈」…！

　T：辞典で四字熟語探しをします。あ行の中から見つけてください。

ここで差がつく！指導＆活用のポイント

● ここでは，ただ迷路をさせるだけではなく，覚えさせることにウェイトを置いています。そのために，6つの四字熟語をすべて，**辞典**で意味を調べさせます。意味は，ワークの裏面に書きます。辞典で調べ書かせることで，四字熟語がしっかりと目に焼きつきます。

● ワークを使って「四字熟語」に慣れたら，市販または自作の「四字熟語」カルタで遊ぶことをおすすめします。「四字熟語」をしっかり覚える場となります。

解答（例）

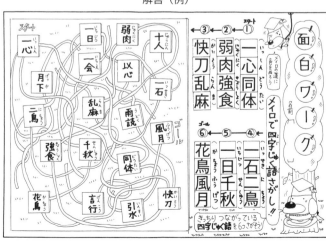

054

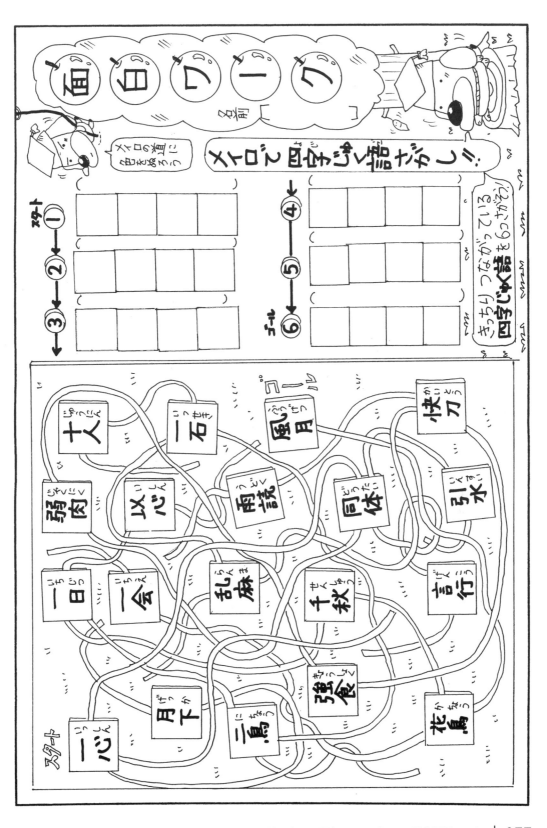

第3章　辞典活用力がアップする！面白国語ワーク

25 しりとりしながら意味調べに挑戦！

■対象学年：3年〜　■時間：10〜15分

ワークの概要

しりとりしたら，意味調べ。このワークは，しりとりで出した言葉を，辞典を使って意味まで調べるというものです。制限時間内で，いくつの意味まで調べられるかを競います。

● 進め方の例

❶何人かの子を次々と指名し，しりとりをする。
　T：しりとりをします。「りんご」からスタートです！　田中さん，続けてどうぞ！
❷しりとりで出た言葉を辞典引きさせる。
　T：しりとりで出た言葉を黒板に書いています。まずは「りんご」を辞典で調べます！
❸調べた意味をノートに書かせる。丁寧な字で書いているかを確認する。
　T：意味をノートに写します。丁寧な字で書いているか，見て歩きます。
❹ワークを配り，しりとり＆辞典で意味調べに挑戦させる。
　T：制限時間は10分です。全部できるか，挑戦してみてください！

ここで差がつく！指導＆活用のポイント

- 例を真似して，しりとりをした後に，辞典を使って意味調べをします。この時，辞典に書かれた意味を**丁寧に写す**ことも大切なポイントです。辞典に書かれている意味を写す字が，丁寧でないと書き直しの場合があります。
- このワークに何度か取り組み，慣れてきたら「制限時間を短くする」「1人でなくペアでやる」などにも挑戦させます。例えば，制限時間を5分。1人が辞典を引き，1人が意味を写す。または，交代で辞典引きと意味書きをするなどに挑戦させます。
- このワークを宿題として出すことで，家で辞典の早引きトレーニングに取り組ませることもできます。

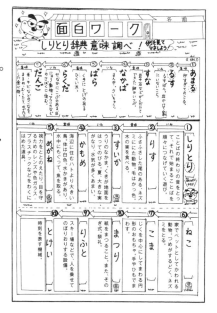

解答（例）

056

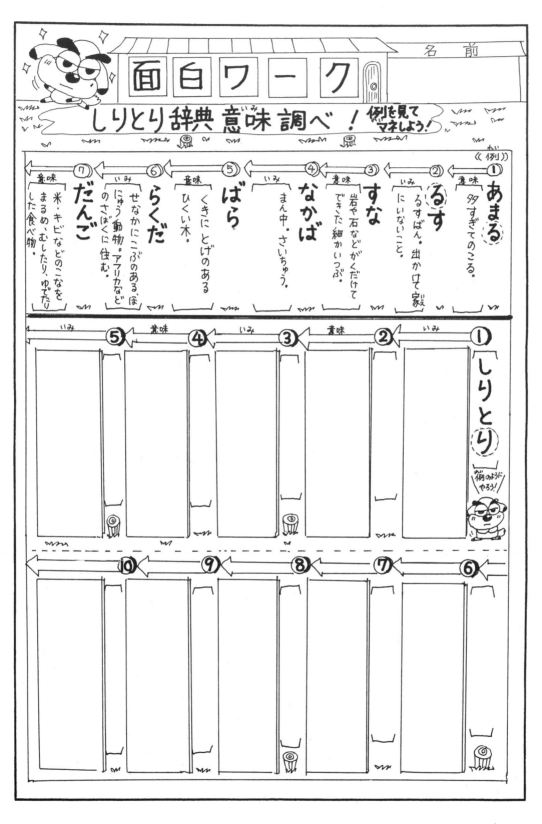

26 辞典で発見！同じ読みの漢字とその意味調べ

■対象学年：3年～　■時間：1問につき3分

ワークの概要

辞典を引いて同じ読みの漢字を見つけます。一つ一つの漢字の意味を調べ，ワークの問題を解きます。漢字とその意味を線でつなぐという問題に挑戦します。

● 進め方の例

❶ワークを配り，やり方の説明を兼ねて「問題1」を一緒にやる。
　T：辞典で，書いてある読みのページを探し，ワークに書いてある漢字を見つけます。
❷「漢字とその意味」を定規でつながせる。
　T：辞典で調べた一つ一つの漢字の意味を，定規でつないでいってください。
❸時間が余った時の「花丸」ポイントを話す。
　T：制限時間は3分です。時間が余ったら，裏に漢字の練習などをすると花丸です。
❹問題2，3，4に挑戦させる。
　T：では，問題2に挑戦！　制限時間3分です。用意，はじめ！

ここで差がつく！指導＆活用のポイント

- 　ワークを配った後，問題文を必ず一緒に読み，漢字の「読み」を強く意識させます。読んだ後，辞典引きの一斉スタートにしています。
- 　1問につき3分ですが，時間にゆとりがある子には，次のことをさせています。
  ・線をつないだ後に，意味がいくつか残ります。その意味の漢字はどれかを辞典で探させます。意味の上に漢字を書いていると，花丸になります。
  ・または，同じ読みの漢字をワークの裏に練習すると，花丸になります。
- 　このワークは「読みと漢字と意味」の部分を空欄にしたものを用意しておくことで，いくらでも問題づくりができます。

解答（例）

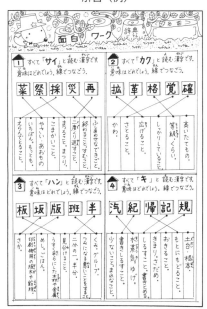

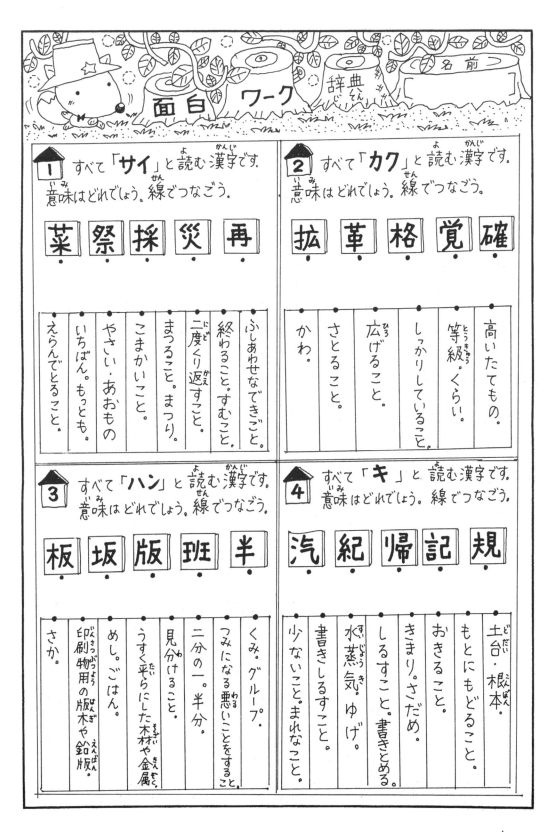

27 予想しよう！辞典に意味が何と書かれているか

■対象学年：3年～　■時間：15分（発表を入れて）

ワークの概要

「犬」「ぞう」「海」などの意味は，辞典にはどのように書かれているのか。辞典をすぐに引かずに，こんな言葉が使われているのではないかと予想を立てるワークです。

進め方の例

❶右のカードを黒板に貼り，問題を出す。

　T：国語辞典に，「ねこ」の意味がどんな風に書いてあると思いますか。

❷予想を発表させる。

　C：しっぽがある。　C：ネズミを捕る。　C：ニャーゴと鳴く。

❸辞典で「ねこ」を調べさせる。

　C：意味は「家でペットとして飼われる動物。爪が鋭く，ネズミを捕る。」です。

❹ワークを配る。同じように，予想を書かせた後に，辞典調べをさせる。制限時間10分。

　T：まずは，6問の予想を書いてください。その後，辞典で調べます。

ここで差がつく！指導＆活用のポイント

- 予想を考える時，友達と考え合ってもいいことにしています。□のワクの中に入るだけの「**予想を書く**」ことを大切にしています。

- 10分後，予想と辞典に載っていた意味を発表させます。自分が書いていた「予想」の言葉が，1つでも「意味」の中に入っていたら「**番号に花丸**」をします。

- 6番だけは，自分で言葉を考えるようになっています。制限時間10分で6問すべて書けていたら，裏面に6番の続き7番・8番・9番…と書かせます。「**花丸**」になります。

- **掲示自学**の問題にもします。「花」と掲示し，学級のみんなに「予想」を紙に書き込みさせます。みんなの考えを見ることで，学べます。

解答（例）

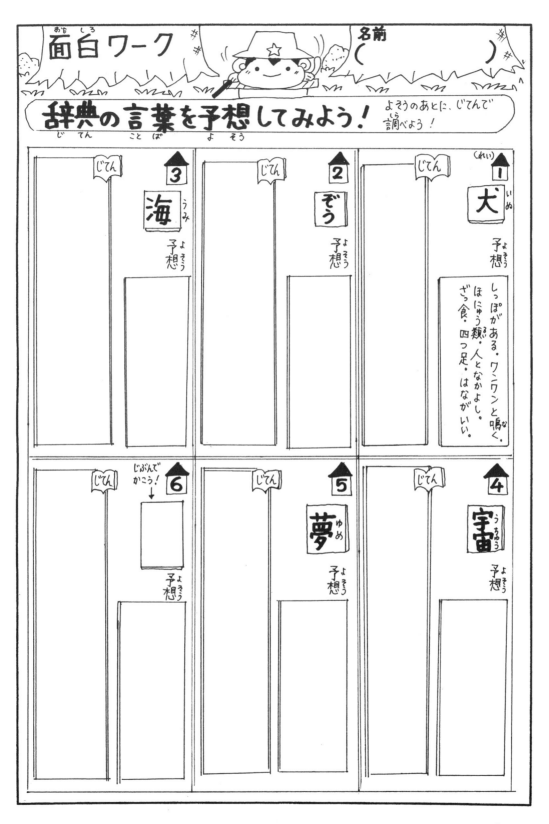

28 分かるかな？同音・同訓異義語の意味の違い

■対象学年：4年〜　■時間：10〜15分

ワークの概要

子ども達がよく目にする同音・同訓異義語。その意味の違いを，辞典を使ってはっきりとさせるワークです。ヒントカードを参考に，辞典に書かれている意味を写します。

進め方の例

❶ 右のような紙を黒板に貼る。

T：一緒に読みます（読む）。①と②，どっちの言葉の意味ですか。

❷ 「同音・同訓異義語」の意味の違いの問題を数問解く。

T：読みが同じでも，漢字や意味が変わってきます。2問目は「帰る・変える」3問目は「校正・構成」…です。

❸ ワークを配り，問題を解かせる。制限時間10分。

T：今度はワークで，同じような問題を解いてみましょう。

❹ 下の解答例をもとに答え合わせをする。

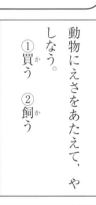

ここで差がつく！指導＆活用のポイント

- 制限時間10分以内で，全てを書き終えて余裕がある子のために，**同じワーク**を裏面にも印刷しています。同じワークを2回やることで，同音・同訓異義語の問題に慣れてきます。

- ワークの解答後，初めに黒板に貼ったような**問題を作らせます**（B4用紙サイズ）。1人または友達と一緒に作らせます。ただ，この時「同音・同訓意義語」の漢字が20個書いた紙を，印刷して配布するようにしています。その紙を見て，問題づくりをさせます。当然，辞典を引いて「意味調べ」をすることになります。問題文の裏に，答えも書かせます。

- 作った問題は，**掲示自学**として使います。少しずつ全員のを貼っていきます。

解答（例）

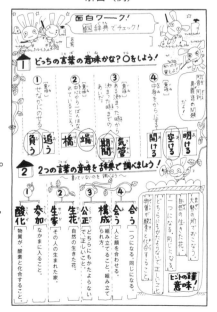

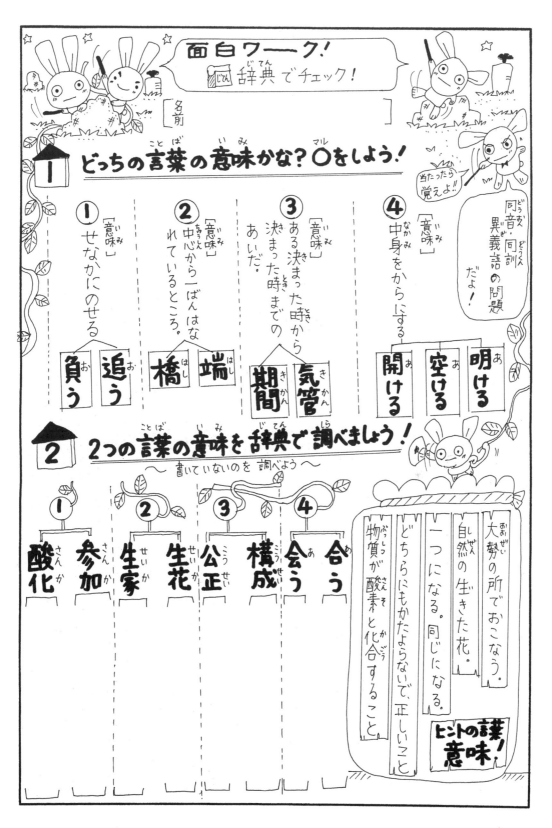

29 辞典を引いて完成！同音・同訓異義語の漢字

■対象学年：4年〜　■時間：10〜15分

ワークの概要

　辞典を引いて，同音・同訓異義語の漢字を完成させるワークです。ただ，すぐに辞典を引くのではなく，まずは読みだけで書けるかに挑戦！　書けても書けなくても辞典で調べます。

● 進め方の例

❶右のカードを黒板に貼って，質問する。
　T：「こうげん」と辞典で調べると，3つの漢字が出てきます。1つでも書けますか。　C：「高原」！　T：あとの2つは，辞典で調べてみましょう。
　C：あった！「広言」と「光源」だ！

❷ワークを配り，やり方を説明した後，挑戦させる。制限時間10分。
　T：まずは，辞典を調べずに漢字が書けるか，2分間挑戦してみてください。2分経ったら辞典スタートと言います。辞典を調べる前に漢字が当たっていたものには，漢字の所に小さな「○」をつけておいてください。

ここで差がつく！指導＆活用のポイント

● 制限時間は10分。時間が来たら，**周りの人と答えの確認をさせます**。1〜2分間，答えをチェックさせます。

● 答えをチェックさせた後，**2回目の挑戦**をさせます。同じワークを配り，今度は辞典を引かずに，どこまで漢字を書くことができるかに挑戦させます。時間はわずか3分です。3分後，1回目のワークを見ながら，答えの確認をさせます。2回ワークに挑戦させることで，辞典で漢字をただ探すというのではなく，覚える気持ちで探すようになります。**漢字力**もアップします。

● 答えを書いたワークは1日だけ**掲示**し，子ども達の目に触れるようにしています。

解答（例）

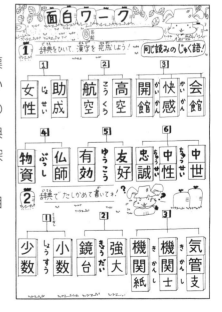

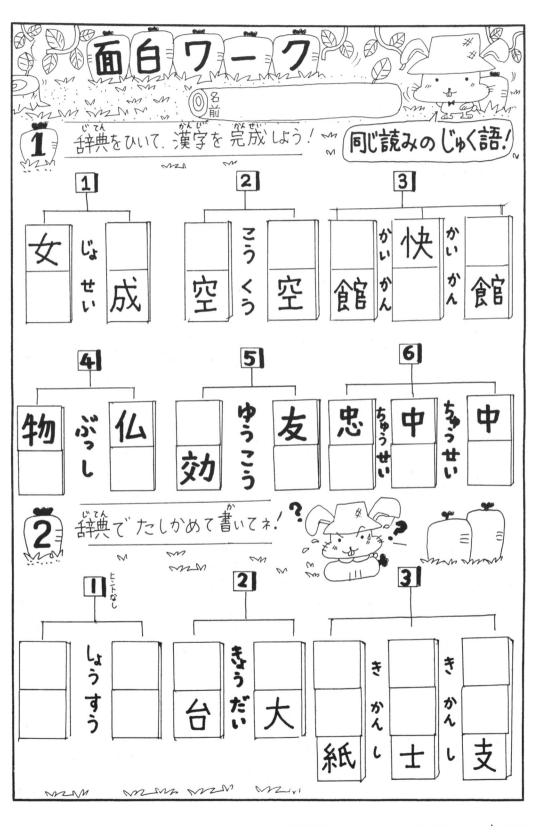

30 辞典で確認！同音・同訓異義語の漢字と意味

■対象学年：4年〜　■時間：10〜15分

ワークの概要

　ヒント岩の中から，問題の答えの同音・同訓異義語を探します。探した後は，辞典で確認！確認したら番号に○をつけます。漢字だけでなく意味もしっかりと確認するワークです。

進め方の例

❶右のような紙を黒板に貼り，問題を出す。
　T：アと同じ訓読みをする漢字はどれでしょう。

❷同音・同訓異義語の漢字を見せ，ワークに挑戦させる。
　T：「解放と開放」「表すと現す」などのように，同音・同訓意義語の漢字はたくさんあります。ワークで，どんな漢字があるか挑戦してみましょう。

❸答え合わせをする。
　T：「会うと合う」「産むと生む」「聞くと効く」…（一緒に唱えさせながら）。

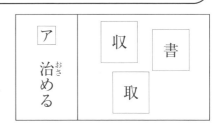

ここで差がつく！指導＆活用のポイント

- 1回目のワークは，**友達と一緒に**取り組ませます。漢字を苦手とする子も，一緒になって「同じ読み」の漢字を調べさせます。3問目で，国語辞典を使う時も一緒に引くことで，友達の引き方を参考にすることができます。

- 制限時間は10分です。早くできたグループは，裏面に**同じものを印刷**しています。どれだけ覚えているかを，自分でチェックできるようにしています。

- 同音・同訓異義語は，**掲示物**としても利用しています。下のように，紙をめくると「同音・同訓異義語」が出てくるようになっています。

解答（例）

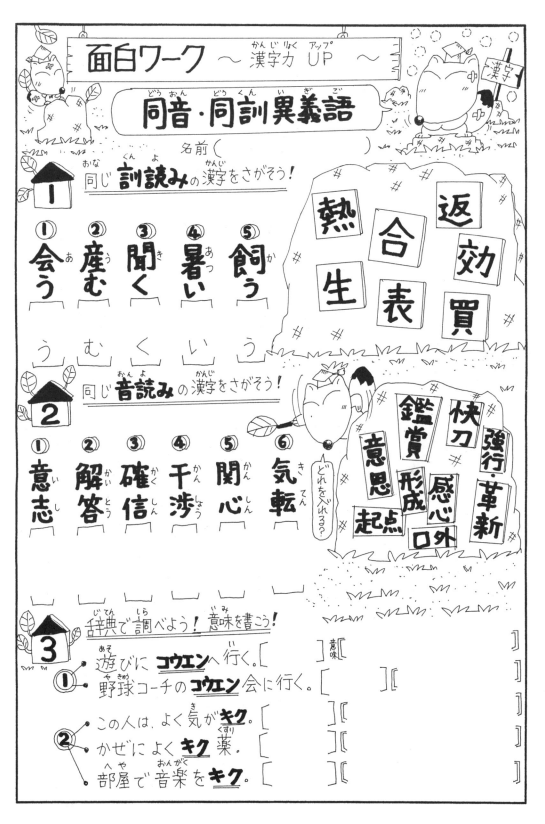

31 辞典で探そう！類語・反対語の漢字とその意味

■対象学年：2年～　■時間：10～15分

ワークの概要

制限時間内に，「類語・反対語」の漢字と意味を，辞典を使って探すという問題を解くワークです。更に，カードを使って「類語・反対語」を覚える練習もします。

進め方の例

❶右（上）のカードを提示して，質問する。

　T：「簡単」と仲間の言葉，類語といいますが，どんな言葉があると思いますか。
　　　ヒントは「容（ よう ）」「手（ 　 ）」です。　C：「容易（ようい）」です！

❷今度は，反対語について，右（下）のカードを提示して質問する。

　T：今度は，反対語というものです。「満足」の反対語は？　C：「不満（ふまん）」です！

❸ワークを配り，類語・反対語探しに挑戦させる。

　T：1～3は類語探しです。国語辞典を使って，意味も調べます。4～6は反対語
　　　探しです。制限時間は15分。用意，はじめ。

簡単（かんたん）

満足（まんぞく）

ここで差がつく！指導＆活用のポイント

- 低学年でも，辞典を使って言葉調べをトレーニングします。ただ低学年の場合は，1人で「類語・反対語」探しをさせません。何人かの友達と一緒にさせます。制限時間内に，1つでも問題が解けていたら合格としています。

- 中・高学年の場合でも，制限時間は15分ですが残り3分で，「教え合いタイム」を設定しています。どんな漢字・どんな意味か教え合う時間を設けることで，対話力も同時にアップしています。

- ワークを集めた後，事前に作成しておいた。手のひらサイズの画用紙に書いた「類語・反対語」カードを見せます。例えば「容易」カードを見せて，類語を問います。すぐに答えられるかを確認します。カードの裏には，答えを書いておき，すぐに確認できます。

解答（例）

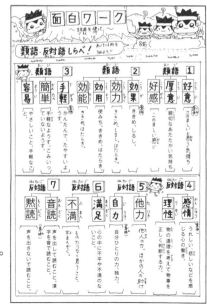

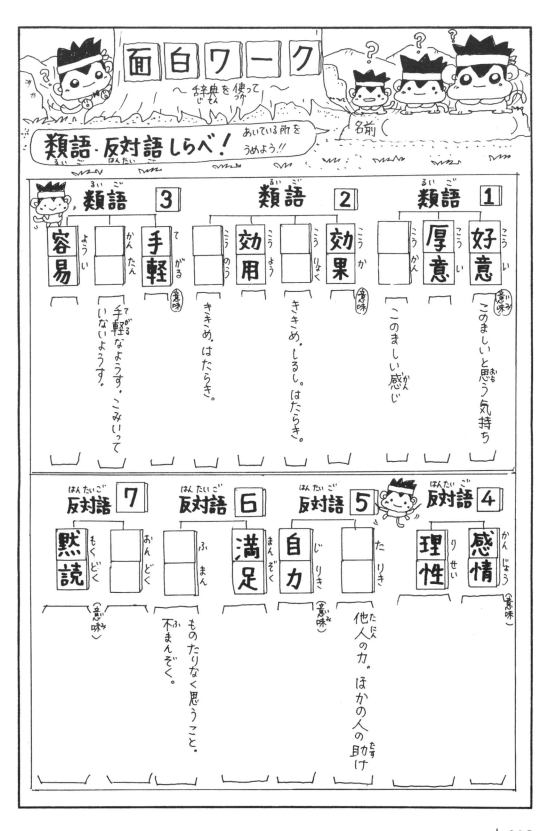

32 文字数確認！辞典を使って仲間言葉探し

■対象学年：3年～　■時間：10～15分

ワークの概要

「『さい』から始まる3～6文字の言葉を，辞典を使って探しなさい。」こんな問題を4問，制限時間内に全て探すことができたら合格のワークです。

● 進め方の例

❶右のような紙を黒板に貼り，問題を出す。

　T：「こく」から始まる8文字の言葉を，1分で3つ考えてください。

❷国語辞典で「こく」から始まる8文字の言葉を探させる。

　T：考えても出ない時には，辞典です。辞典で8文字の言葉を探してください。

❸ワークを配る。制限時間10分で，4つの問題を解かせる。

　T：辞典を使って，4つの問題の答えを探してください。制限時間10分です。

❹問題の答えを発表する。

　C：「さい」の6文字は「最小限」です（他に「再検討」「最高峰」「最高潮」等が出る）。

ここで差がつく！指導＆活用のポイント

● 制限時間10分で，全てのマスを埋めることができたら，プラス1をさせます。辞典で見つけた言葉を，裏に全て書かせます。例えば「はん」から始まる五文字には，まだ「はんかがい」があります。たった1つですが，書いておくだけで「花丸」です。

● ワークを配る前の「黒板に貼る問題」は，**あえて難しい問題を出します**。「こく」から始まる8文字の言葉は，簡単に考えつくものではないです。ところが，辞典を引くとすぐに，見つけることができます。辞典の良さを伝えるために，あえて難しい問題にしています。ちなみに，国際連合・国際連盟・国際空港・国際親善などの言葉が見つかります。

解答（例）

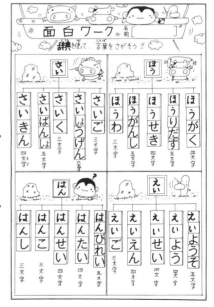

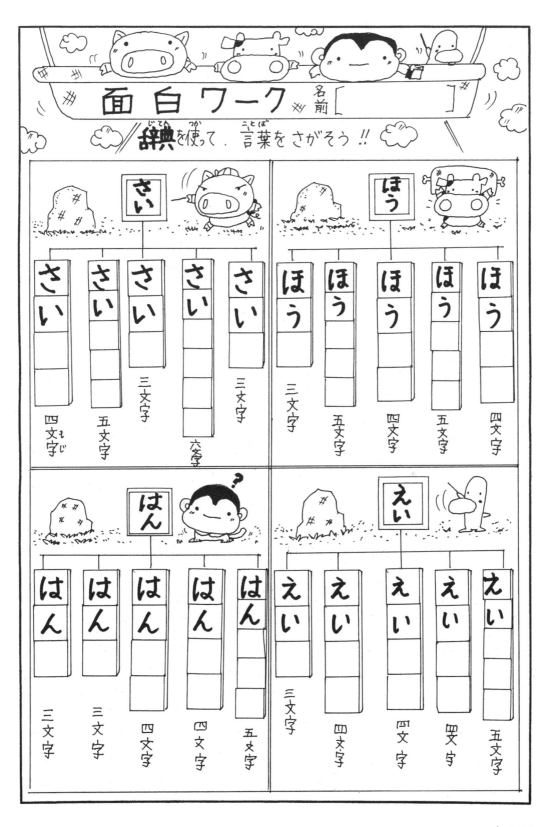

33 条件に合った動詞・形容詞探しに挑戦！

■対象学年：4年〜　■時間：10〜15分

ワークの概要

問題の条件に合う「形容詞・動詞」を，辞典で探すワークです。例えば，「く・う・む」で終わる動詞や文に合う動詞など，制限時間内にどれだけ探せるか挑戦します。

● 進め方の例

❶「た」で始まり「い」で終わる形容詞を探させる。
　T：「た」で始まって「い」で終わる形容詞を，辞典を使って3つ以上見つけてください。時間は1分です。
　C：「高い」「たくましい」「たけだけしい」「正しい」…（以下略）
❷ワークを配り，問題4まで10分で解かせる。
　T：辞典を使って，1〜4までの問題を10分で解いてください。
❸答えの確認をする。
　C：「あかい」「あおい」「あつい」…（以下略）

た（　）い

ここで差がつく！指導＆活用のポイント

● 同じワークを，2回させることがあります。2回やると，答えを一度確認しているので，答えが分からないものだけに**集中して辞典で調べ**させます。
● 制限時間内で，全ての穴埋めができた子は，裏面に「自分が決めたはじまりと終わり」で形容詞探しをしたり，送り仮名を決めて動詞探しをしたりします。**自分で問題を決める**子の中には，自学ノートにも同じような問題を作って，やってくる子が出てきます。そのノートはコピーして，知的学び掲示コーナーに貼っておきます。
● 見つけた形容詞や動詞の入った「**ミニ学び作文**」にも挑戦させています。

解答（例）

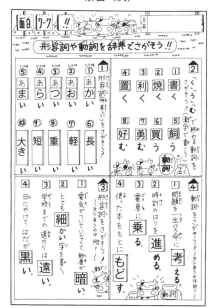

072

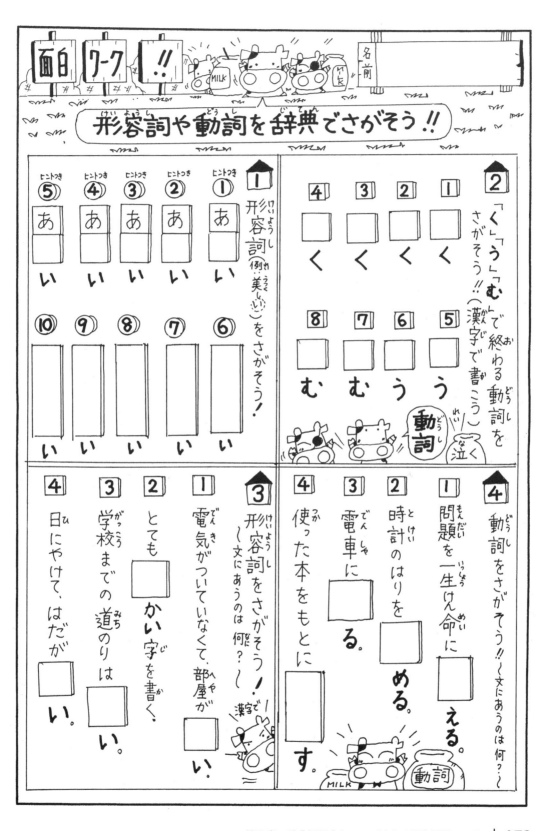

34 条件に合ったカタカナ言葉探しに挑戦！

■対象学年：3年〜　■時間：10〜15分

ワークの概要

辞典を使って「（　　）から始まるカタカナ言葉」探しをします。例えば「アから始まる」カタカナ言葉を制限時間内に指定された数を集めることができたら，合格です。

進め方の例

❶全員が国語辞典を用意したら，「条件に合ったカタカナ探し」問題を出す。
　T：辞典から「チ」から始まるカタカナを1つ探したら手を挙げてください。
❷辞典で見つけた「チ」から始まるカタカナを発表させる。
　C：ぼくは「チーター」を見つけました。　C：私は「チーズ」を見つけました。
❸ワークを配り，1〜4までの問題を解かせる。制限時間は15分。
　T：今度は，ワークでやってみましょう。制限時間は15分です。スタート！
❹ワークに書いた，問題1〜4のカタカナ言葉を発表させる。
　C：「サービス」を書きました！　「チーム」を書きました！

ここで差がつく！指導＆活用のポイント

- 制限時間内で，全てのマスを埋めることができた子どもには，裏にも書かせるようにします。例えば，「サ」から始まるカタカナ言葉が12マス以上見つかったら，裏に続きを書かせます。全てのマスを埋めた上に，裏まで書き込みをしていると「花丸」になります。
- または裏に，自分で「はじまりのカタカナ」を決め，辞典で調べた言葉を書いてもOKにしています。これも「花丸」になります。
- 辞典で調べることに慣れてきたら，短い制限時間内でいくつ書けるかを競争します。例えば，制限時間2〜3分で，「マ」から始まるカタカナ言葉を探させます。辞典を早く引いて，見つけた言葉を丁寧に書く。そんな力を育てます。

解答（例）

35 たとえ言葉クイズに答えて意味も調べよう！

■対象学年：4年～　■時間：10～15分

ワークの概要

身の回りにあるモノの中に，「たとえ言葉」が隠されています。どんなたとえ言葉が隠されているかをヒントから探します。答えが分かったら，たとえた言葉の意味を辞典で調べます。

● 進め方の例

❶右の紙を黒板に貼って，問題を出す。
　T：①～④は，ある食べ物の「たとえ言葉」です。何だと思いますか。友達と考えてみてください。

❷予想を聞く。答えを発表し，辞典で調べさせる。
　C：④は聞いたことがあります。アボカドですか。
　T：①イワシ②ホヤ③ジャガイモ④アボカドです。辞典で，この4つを調べてみましょう。

❸ワークを配り，どんな「たとえ言葉」が使ってあるかを考える。
　C：②のカンムリかなあ。①のハートかなあ。

①海の牧草
②海のパイナップル
③大地のリンゴ
④森のバター

ここで差がつく！指導＆活用のポイント

● ワークの答え合わせをする時に，次のものを用意しています。例えば，**本物の土筆や写真**，牡蠣の殻，本物の大豆などです。本物や写真を見ることで，子ども達はより身近なものとして捉えるようになります。

● ワークの問題を解かせる時，まずは「たとえ言葉」の予想を4つ選ばせます。時間は2分です。友達と相談して選んでもOK。その後，予想したものに手を挙げさせた後，答えを言います。答えを言った後，すぐに辞典で4つの言葉を調べさせます。

● 解答（例）は，2～3日目につく所に，**掲示**します。

解答（例）

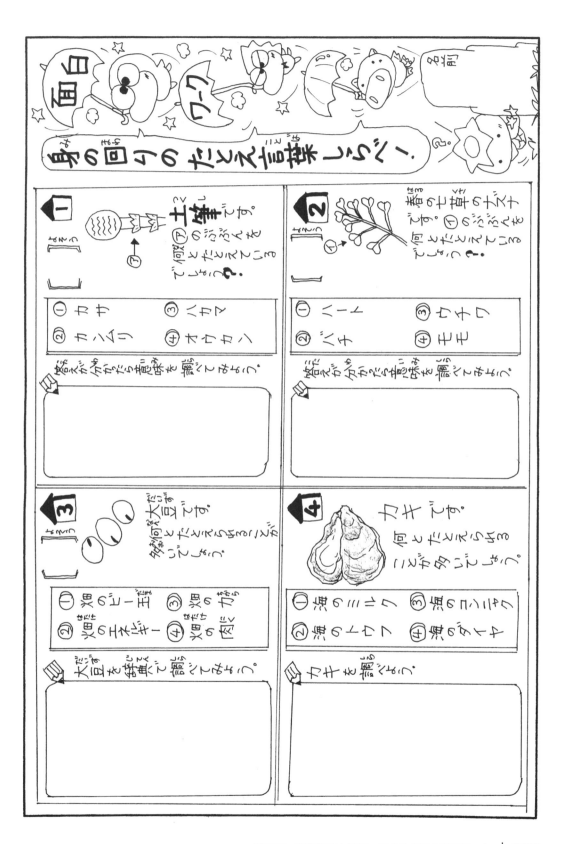

36 読み方で意味が変わる！違いが分かるかな

■ 対象学年：4年〜　■ 時間：10〜15分

ワークの概要

「いちじ」「いっとき」と読む「一時」という漢字のように，読み方・意味が変わる漢字を辞典で調べます。制限時間内で，どこまで調べ，意味を書き写すことができるか挑戦です。

進め方の例

❶右の漢字を書いた紙を，黒板に貼る。
　T：この漢字の熟語は，読み方が3つあります。読めますか。

❷3つの読みを，辞典で調べ，意味を発表させる。
　C：「うわて」です。「相手よりも優れていること」です。　C：「じょうず」です。

❸ワークを配り，同じように「違う読み方」「辞典で意味調べ」の問題を解かせる。
　T：全部で12個の熟語の読み方と意味を書いてください。制限時間は15分です。

❹読み方と意味を発表する。
　C：「いちじ」です。意味は「ある時期。その時だけ。しばらくの間」です。

ここで差がつく！指導＆活用のポイント

- 学年や学級の実態に応じて，1人でやらせず何人かで問題を解かせてもいいです。辞典を引く時，どのように引けばいいのかをアドバイスし合うようになります。
- 1人が答えを発表した後に，必ず「読み方」と「意味」を復唱させるようにしています。
- 15分で全ての読みと意味を書いた子のために，裏に次のような漢字を印刷しています。「市場（いちば・しじょう）」「大勢（おおぜい・たいせい）」「寒気（かんき・さむけ）」などです。これらの漢字の意味も調べると，「花丸」になります。更に，自分で「読み方で意味が変わる漢字」を見つけると「スーパー花丸」になります。

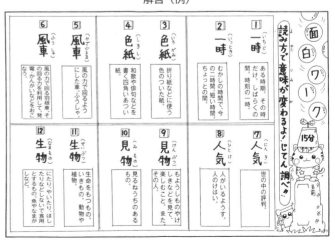

面白ワーク

読み方で意味が変わる、じてん書く!

1 （いちじ）一時	7 （にんき）人気
2 （いっとき）一時	8 （ひとけ）人気
3 （しきし）色紙	9 （けんぶつ）見物
4 （いろがみ）色紙	10 （みもの）見物
5 （かざぐるま）風車	11 （せいぶつ）生物
6 （ふうしゃ）風車	12 （なまもの）生物

第**4**章　作文力がアップする！面白国語ワーク

37 書いて伝えよう！絵を見てまちがい探し

■対象学年：1年〜　■時間：10〜15分

ワークの概要

　2枚の絵には，違う所が10か所以上あります。それを言葉で伝えるのではなく，書いて伝えます。友達同士で，楽しくまちがい探しをしながら作文を書くことができるワークです。

● 進め方の例

❶右のような「まちがい探し」の絵を提示する。
　T：2つの絵のどこが違いますか。

❷出た発見を作文の形にし，黒板に書く。

　「まずは，牛さんの周りに目をつけます。牛さんの机の模様が2か所違います。机の周りの土の様子も違います。牛さんの後ろの大きな岩の形が違います。右のキツネ君に目を向けると，帽子の中のマークが違います。（以下略）」

❸ワークを配る。黒板に書いた作文のように，まちがい探しの作文に挑戦させる。

ここで差がつく！指導＆活用のポイント

- 黒板に書いた「**手本**」の作文のように，どこに目を向けるかを決めさせます。見る所をしぼると，作文を書きやすくなることをおさえます。

- 初めから，1人で作文に挑戦させなくてもいいです。何人かで，一緒にまちがいを探しながら，作文にしてもOKです。大切なのは，**楽しんで作文を書く**ということです。

- 1枚のワークで，作文がおさまりきれない時には，2枚目，3枚目と渡します。

- まちがい探しは，子ども達に「**よく見る**」という力を育てます。慣れてきたら，3つのイラストから「まちがい探し」というのにも挑戦させます。

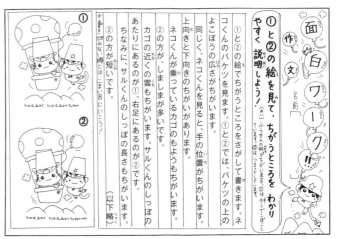

38 書いて伝えよう！この漢字おかしいよ

■ 対象学年：2年～　■ 時間：10～15分

ワークの概要

掲示板の中には，間違った漢字がたくさん隠されています。漢字のどこが間違っているかを書いて伝えるワークです。1人または友達と一緒に探しながら，作文に書きます。

進め方の例

❶右のような「まちがい漢字」を書いたものを見せる。
　T：「まち」という漢字です。どこかおかしいですね。どこでしょう。

❷おかしい所を確認する。同じような問題を2～3問出す。
　C：「町」の7画目が「はねていない」です。

❸子ども達から出た言葉を，黒板に作文の形で示す。
　「町の7画目がおかしいです。正しく書くと，町になります。7画目をはねます。」

❹ワークを配って，まちがい漢字を探させ，作文を書かせる。
　T：手本と同じように，間違った漢字を見つけて，おかしな所を作文にしてください。

ここで差がつく！指導＆活用のポイント

- 作文を書かせる時，学年に応じて1人で書かせたり何人かで書かせたりします。1回目は，まちがい探しをさせながら，作文にして伝える練習なので，**全員ができることに力を入れて**います。

- 作文を書く時には，おかしい所を指摘するだけでなく，**正しく書くとどうなるかも書かせます**。漢字力をつけることにもつながります。

- 学年に応じて，間違い漢字が変わります。高学年になると，1つの漢字の中に2か所の間違いがあるものも用意しています。

- 書いたことを読ませると，**発表力**にも磨きがかかります。

解答（例）

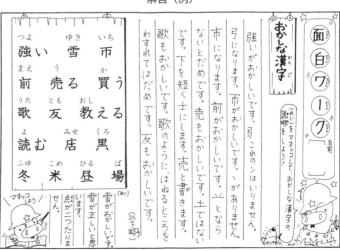

面白ワーク 名前〔　　　〕

おかし漢字

（誤り）をマスに入れて、おかしな漢字の説明をしよう。

_____
_____
_____
_____
_____
_____
_____

おかしことば

言い方が正しくない鯉が混じっています。

せんせいに聞いてみよう！

つよ	まえ	うた	と	ふゆ
強い	前	歌	読む	冬
ゆき	か	とも	みせ	こめ
雪	買う	友	店	米
いち	う	おし	くろ	ひる
市	売る	教える	黒	昼
		かぞ		ば
		数える		場

39 推理！何の動物の足あとかな 作文に挑戦

■対象学年：1年〜　■時間：10〜15分

ワークの概要

描かれている足あとの絵が，いったい何の動物の足あとか。大きさや形などから予想を立てるワークです。1人で考えたり，友達や親兄弟と考えたりします。

進め方の例

❶右の「ある動物の足あとの絵」を見せて，質問する。
　T：これは，ある動物の足あとです。何の動物だと思いますか。
❷動物の予想と，どこからそう思ったかを聞く。
　C：私は「馬」だと思いました。足の形が蹄のように見えました。
❸黒板に書いた，作文を読んだ後，ワークに挑戦させる。
　T：みんなから出た考えを「作文」のように書きました。読んでみましょう。（ワークを配り）みんなも作文にまとめましょう。
❹書いた作文を読み合う。
　T：友達が書いた作文と交換して，読み合いましょう。

ここで差がつく！指導＆活用のポイント

- 子ども達から出た考えを「作文」の形で，黒板に書くことが大切なポイントです。下の解答（例）のような形で，黒板にまとめます。それを見ながら，自分の作文を書いていいことを伝えます。「真似する」ことを通して，作文は上手くなっていくとおさえています。
- こういう作文は，答えを当てることが大切なのではなく，答えを当てようと「いろんな角度から考えを出す」ことが大切だとおさえます。
- 最後には『動物の足形図鑑』を使って，**本物のキリンの足形の写真を見せます。**

解答（例）

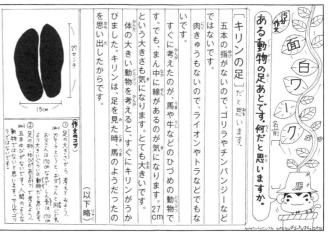

作文15 面白ワーク

名前

ある動物の足あとが、何だと思いますか？

[　　　　　　　　　　]だと思います。

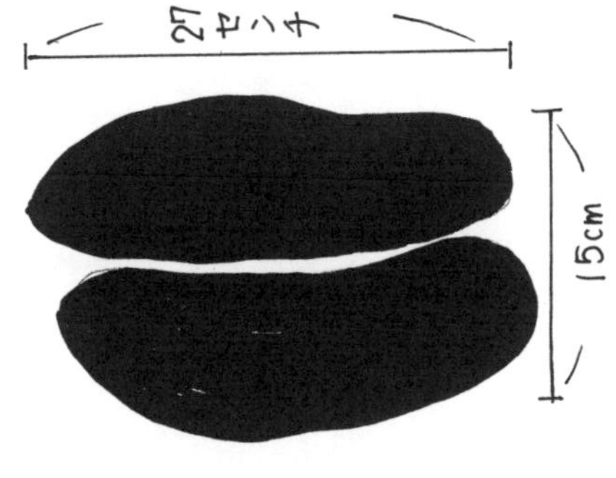

作文のコツ

① 足の大きさから考えてみよう。
（例）このあしあとは、お父さんと同じぐらいです。お父さんは170cmなので、しん長170cmぐらいの動物だと思います。

② 足の形・ゆびのあとから考えてみよう。
（例）五本のゆびがあり、人間のゆびよりとがっているので、動物えんでよく見かけるゴリラではないでしょうか。

（足あと：27センチ × 15cm）

40 デザイン体験！やったことをすぐに書こう

■対象学年：２年～　■時間：15分

ワークの概要

デザイン体験「番号つなぎ模様づくり」に挑戦します。挑戦したことをもとにして，線をつなぐ時の気持ちやでき上がった時の気持ちなどを書いて知らせる作文ワークです。

進め方の例

❶右のような「番号をつけた紙」を黒板に貼る。
　T：1と1，2と2というように定規で結びます。
❷ワークを配る。同じように，番号つなぎをさせる。
　C：どんな模様ができるか，楽しみー。
❸でき上がった模様に，クーピーなどで色づけさせる。
　C：何色をぬろうかなあ。赤と青の模様にしよう！
❹色をつけた模様を見せ合う。
　T：みんなの「色をつけた模様」を見に行ってください。
❺線をつなぐ前，つないでいる時，色をつけた時，友達の模様を見た時などの気持ちを聞く。
　T：体験した時の気持ちを作文にして，教えてください。時間は10分です。

ここで差がつく！指導＆活用のポイント

- 作文を書かせる前に，解答（例）の文を読んであげます。いろんな場面の気持ちが書かれていることをおさえます。どんな気持ちで「デザイン体験」をしたかを，短い言葉で書かせます。
- 初めに，黒板に貼った「番号をつけた紙」は，全部をつなぎません。3～4くらいでやめます。先がどうなるのか，その楽しみを残して，ワークを配ります。
- 早く書けた子の作文を読んで，手本とします。

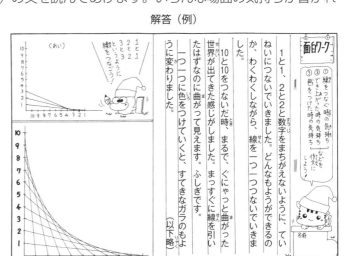

解答（例）

086

面白ワーク

やってみて作文

① 線をつなぐ時の気持ち
② できあがった時の気持ち
③ 影をつけた時の気持ち
　　を作文にしよう！

名前：＿＿＿＿＿＿＿＿

＿＿＿＿＿＿＿＿＿＿＿＿＿＿＿＿＿＿＿＿＿＿＿＿
＿＿＿＿＿＿＿＿＿＿＿＿＿＿＿＿＿＿＿＿＿＿＿＿
＿＿＿＿＿＿＿＿＿＿＿＿＿＿＿＿＿＿＿＿＿＿＿＿
＿＿＿＿＿＿＿＿＿＿＿＿＿＿＿＿＿＿＿＿＿＿＿＿
＿＿＿＿＿＿＿＿＿＿＿＿＿＿＿＿＿＿＿＿＿＿＿＿
＿＿＿＿＿＿＿＿＿＿＿＿＿＿＿＿＿＿＿＿＿＿＿＿
＿＿＿＿＿＿＿＿＿＿＿＿＿＿＿＿＿＿＿＿＿＿＿＿

線と、3と2と1と、1と2と3をつなごう！

（れい）

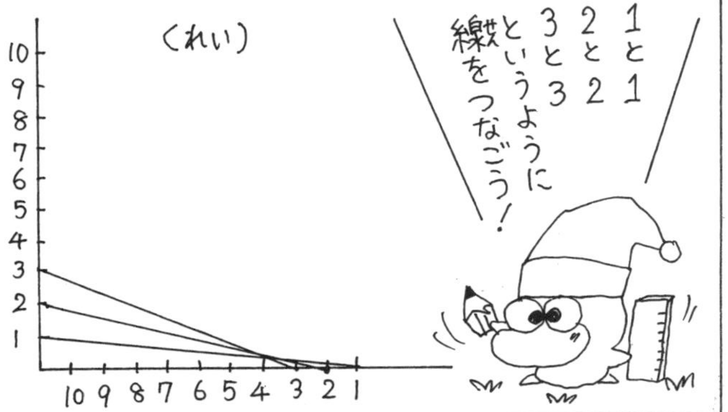

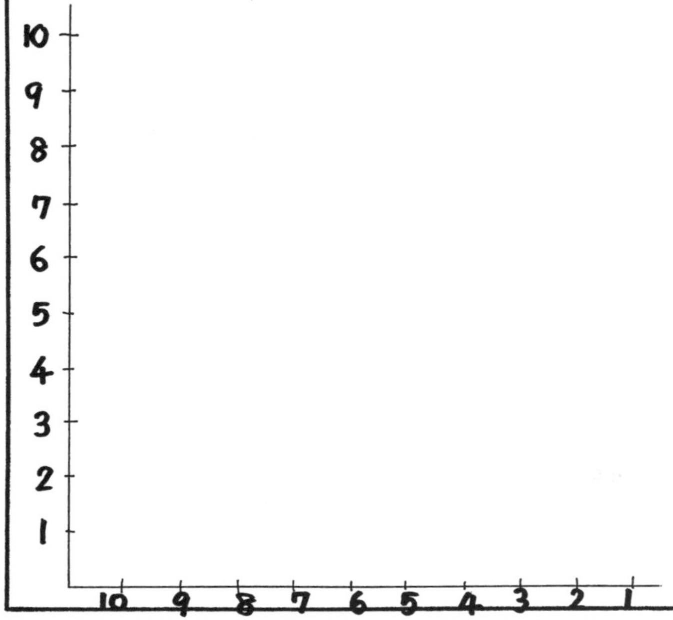

41 リンゴを切ろう！予想図入り作文に挑戦

■対象学年：3年〜　■時間：10〜15分

ワークの概要

リンゴなどの果物や野菜などを縦切り，横切りした時の様子を予想します。予想したものを絵にし，どうしてそのように考えたのかを書いて知らせるワークです。

進め方の例

❶ミカンを見せる。（ない時期は写真）半分に切った時の様子を予想させる。
　T：ミカンを横切りすると，どんな風になっていると思いますか。
❷何人か指名し，黒板に描かせる。
　C：ぼくは，こんな風になっていると思う！
❸ミカンの横切りを見せる（写真または本物）。
　T：こうなっています！　C：予想とは違った！　C：予想どおりだ！
❹ワークを配り，リンゴの縦切り・横切りの予想を書かせる。
　T：今度は，リンゴです。まずは，リンゴの縦切り・横切りの予想の絵を描いてください。

ここで差がつく！指導＆活用のポイント

● まずは，「ミカン」を紹介していますが，果物・野菜ならなんでもいいです。例えば，家にあったバナナ・パイナップル・柿・レモン・キャベツ・大根・ピーマンなどでやったことがあります。**本物を持って行くだけで，子ども達の目が釘付けになります。**

● できるだけ，子ども達の予想が分かれるものがいいです。パイナップルなんて，縦切り・横切り共に見たことがないという子がほとんどでした。

● 1回目は，絵を描けたら友達同士で見せ合います。友達の絵を参考にして，変更してもいいことにしています。「よそう」は逆から読むと「うそよ」。間違えていい作文と言っています。

解答（例）

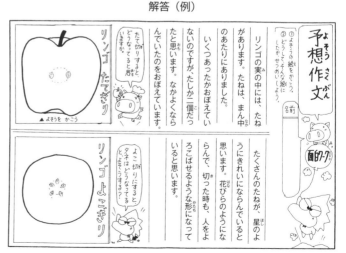

予想作文

面白ワーク

① くだものの絵をかく。
② おともだちが絵に合うぶんをかく。

名前

（罫線欄 左右2段）

（ふきだし左）このぶんにあうえをかいてね。
（ふきだし右）このえにあうぶんをかいてね。

ともだちがかいたえ　　　　　ともだちがかいたぶん

▲ようそうをかこう

第4章　作文力がアップする！面白国語ワーク

42 なぞなぞに挑戦！答えを選んで理由を書こう

■対象学年：2年～　■時間：10～15分

ワークの概要

なぞなぞの答えを，選択肢の中から選びます。なぜ，それを選んだのか，その理由を書いて簡単に説明するワークです。

● 進め方の例

❶右のなぞなぞを黒板に貼る（答えはゾウ）。
　T：答えはどれでしょう。選んだのは，なぜ。
❷ワークを配り，やり方を説明する。
　T：黒板に貼った問題と同じように，答えをヒントの中から選び，なぜそれを選んだか，分かりやすく書きます。
❸問題1から，答えと理由を発表させる。
　C：その動物は③のイルカだと思います。逆から読むと，カルイになるからです。

> 冷蔵庫の中にいる動物は？
> ①ペンギン②アザラシ③ゾウ④シロクマ

ここで差がつく！指導＆活用のポイント

● 学年に応じて，友達と問題を解かせることもしています。大切なのは，理由をしっかりと書けることなので，友達と相談して理由を書いてもOKにしています。

● この作文は，答えを当てること以上に，答えを選んだ理由を**分かりやすく伝えることが大切**とおさえています。答えは違っても，理由を上手に書いていたら「花丸」になります。

● 制限時間15分以内で全て書け，余裕がある子には，裏面に「**自分なぞなぞ問題**」を作らせています。作った問題は，掲示自学として使用しています。

解答（例）

面白ワーク 15分

名前[　　　　　　]

漢字なぞなぞ作文!!

〈例〉
右　右を見たら、あたまの上に「ロ」がのるよ。「ロ」のかん字せいかい!

音　お日さまの上に立ってるみたい。「ロ」のかん字せいかい!

〈いみ〉
男

〈いみ〉
大

〈いみ〉
犬

〈いみ〉
白

〈いみ〉
立

〈いみ〉
字

〈いみ〉
時

〈いみ〉
鳴

第4章　作文力がアップする!面白国語ワーク

44 絵から予想！漢字のなりたちを考えよう

■ 対象学年：1年〜　■ 時間：10〜15分

ワークの概要

小さな四角の中に漢字。その「なりたち」を大きな四角の中に書いています。そのなりたちの絵を見て，何の形を表しているのか，何から生まれた漢字なのかを予想させるワークです。

● 進め方の例

❶右のような漢字問題を，黒板に貼って，問題を出す。
　T：「山」「川」の漢字のなりたちです。なりたちの絵は，何を表していると思いますか。
　C：山が連なっている様子を表していると思います。
❷ワークを配り，問題を解かせる。制限時間15分。
　T：同じように，なりたちの絵は何に見えますか。
❸なりたちの予想を友達同士で話させる。
　C：「回」の「◎」は。物がまわっている様子を表しているんじゃないかなあ。

ここで差がつく！指導＆活用のポイント

- 全体で「漢字のなりたち」の絵を考える問題は，「山・川」を初めとして「口・人・水・大」など，**簡単な問題**にしています。なりたちの絵が何に見えるかを，**話して伝えること**にウェイトを置いているからです。上手く話す姿を，うんと褒める場にします。

- ワークの問題は，制限時間15分ですが，5〜6分経ったところで一度止めます。友達の考えを聞く時間を2〜3分取ります。友達の考えを聞いて参考になる所は，真似していいとおさえています。自分の考えの書き直しのために，ワークの裏にも同じものを印刷しています。

- 最後に，なりたちの意味を教えます。

解答（例）

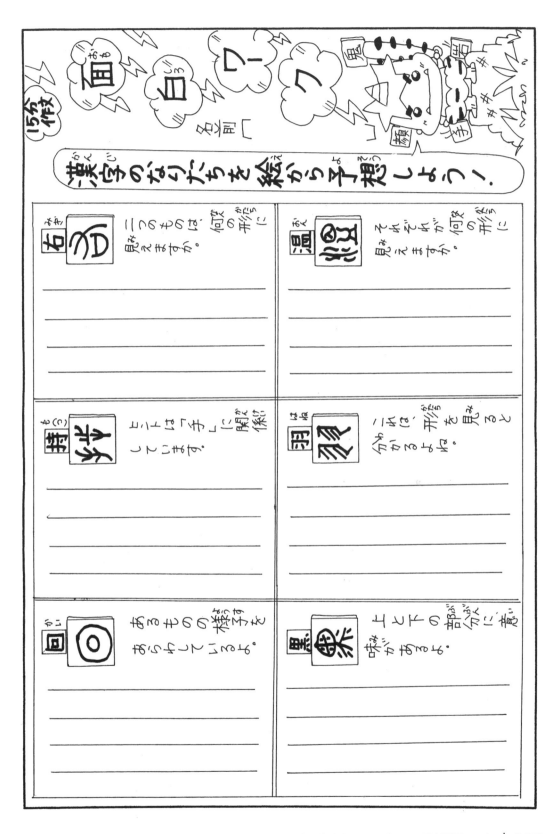

45 どうやってできたのかな？地図記号を探る

■対象学年：3年〜　■時間：10〜15分

ワークの概要

制限時間内に6つの地図記号のなりたちを予想し，作文に考えをまとめるワークです。練習で，予想を立てるコツを学んだり，友達と相談したりして書き進めます。

進め方の例

❶右の地図記号を黒板に貼って，問題を出す。

T：左上から「神社・城跡・果樹園・荒地」です。どうしてこんな地図記号になったと思いますか。まずは，4つの中から，2つの「なりたち」を考えてみてください。

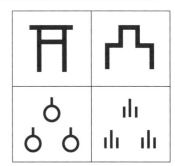

❷「なりたち」の予想を発表させる。

C：神社は，鳥居の形を表していると思います。

❸予想を立てるコツをおさえる。

T：発表の中にあったように「何かモノを記号にした」「何かの形」「何かの様子」を考えるヒントにするといいです。

❹ワークを配り，6つの記号の予想作文を書かせ，発表する。書かせる時間10分。

ここで差がつく！指導＆活用のポイント

● 地図記号の「なりたち」の予想作文では，予想を立てるコツが大切です。「モノ」「形」「様子」というキーワードで，友達と考えの交流をさせます。友達の考えを聞いて，予想をどんどん変えてもOKです。

● 友達の考えで参考になった時には，同じワークを裏面にも印刷しているので，そこにメモをさせます。

● 地図記号をきっかけに，いろんな記号の「なりたち」に関心を持つ子が増えてきます。

解答（例）

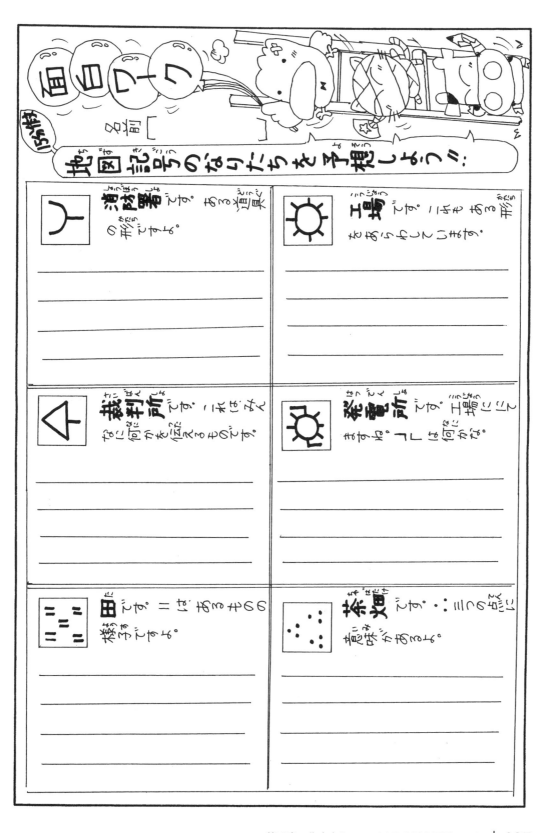

何を知りたい？天気図から学ぼう

■対象学年：5年〜　■時間：10〜15分

ワークの概要

テレビや新聞などでよく目にする「天気図」。この「天気図」から，どんなことをもっと知りたいか，学びたいかを書いてまとめるワークです。

● 進め方の例

❶右の記号を書いた紙を，黒板に貼る。
　T：こんな記号を見たことありますか。

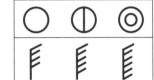

❷天気の記号を知らせる。
　T：左から「快晴・晴れ・曇り」を表しています。
❸新聞に載っている天気図を拡大して見せる。天気図から「知りたいこと」を発表させる。
　T：テレビや新聞で，天気図を見たことがあると思います。天気の記号も，天気図の中によく出てきます。この天気図から知りたいことを1つ考えて発表してください。
　C：波のようなものは何ですか。「高」とは何のことですか（次々と発表させる）。
❹ワークを配り，天気図から知りたいことを書かせる。

ここで差がつく！指導＆活用のポイント

● 子ども達の「天気図から知りたいこと」の発表を，黒板に箇条書きに書いておきます。作文を書く時に，これを参考にしていいと言っています。大切なのは，知りたいことを**作文の形で書く**ということです。友達が知りたいことでも，それを聞いて自分も知りたくなったら書いていいと言っています。

● 「天気図」をきっかけに，いろんな図を見せて，ここから「知りたいこと」を書かせています。一度コツが分かると，箇条書きに書く**要領**をつかみます。例えば「地形図」「案内図」「家の見取り図」なども見せています。

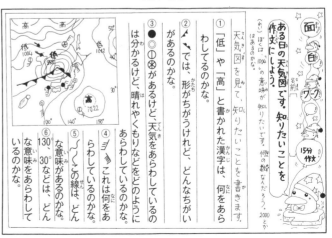

解答（例）

面白ワーク 15分1枚

名前[　　　]

ある日の天気図から、知ったことを作文にしよう。

(れい) ぼくは、1004の意味が知りたいです。何の数字なんだろう。2000とかもあるのかな。

天気図を見て、知ったことを書きます。

47 1枚の絵から考えよう！ミニ物語づくり

■対象学年：2年〜　■時間：15分／1回

ワークの概要

1枚の絵を使って，ミニ物語づくりをします。自由に，話の設定（主人公や登場人物，場所など）を考え，話の展開をしていきます。夢物語でいいので楽しみながら創作できます。

● 進め方の例

❶右の絵を見て，質問をします。

T：「どこだと思う」「4人は何をしようとしていると思う」「季節はいつだろう」「何と言っているんだろう」など。

❷子ども達の考えを，ミニ物語風にまとめる。

・ここは，サルゾウ君の住む動物村です。今日は，とってもいい天気。8月3日の夏休み。夏休みの自由研究に4人は，風船を使って空を飛べるか，実験をしています。「ねえ，うまくいくと思う？」ぶーちゃんは不安そうです。（略）

❸ワークを配り，ミニ物語を書かせます。

ここで差がつく！指導＆活用のポイント

- 子ども達の考えをもとに，ミニ物語風に黒板にまとめた作文を「真似」していいと言っています。まずは，1作目を完成させることが「弾み」となるので，まずは書くことを大切にしています。

- 制限時間15分で，あっという間に1枚を書き終えてしまう子には，2枚目，3枚目とどんどん紙を渡します。

- 15分経ったら，途中でも一度止めて，友達の作文を読みに行く時間を作っています。友達のアイデアを参考にして，続きを書いていいと言っています。3分後，続きをやります。

解答（例）

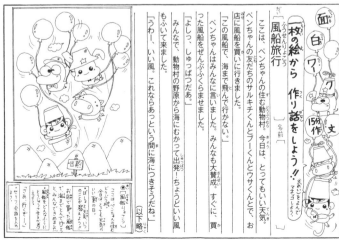

100

面白ワーク 15分作文

一枚の絵から 作った話をしよう!!
※(　)をうめて、文をつくっても いいよ。

だい [　　　　　　　　　　　　　　] 名前 [　　　　　　　　　　　　]

_____
_____
_____
_____
_____
_____
_____
_____
_____

●【風船ツアー】
ココは、ぴっちゃんの住むどうぶつ村。今日はとってもいい天気のこう買の日。

・「せっかくいい天気だから海に行こう!!」

・お店で買った風船を　みんなで　海まで　もって行こう!!

・風船を　とばさないように　そっと　もっていってね。

「オー！」

・さあ、出発だ　みんなー。

48 作文のコツを使って詩の分析に挑戦！

■対象学年：3年～　■時間：15分

ワークの概要

短い詩の分析を，作文のコツを使って挑戦するワークです。ここでは，詩の一つ一つの言葉にこだわることを通して，寝たものは何かを当てることに挑戦します。

進め方の例

❶右の詩を子ども達に紹介し，問題を出す。
　T：5歳の子が書いた詩です。寝たのは何でしょう。それが，題名です。
❷いくつかの質問を，黒板に貼り，考えを聞く。
　T：「どんな服だと思いますか」「寝たものの大きさは？」「『ふくのなかに』と『ふくに』とでは，どんな違いを感じますか」「寝たものは生き物だと思いますか」「5歳の子は，どこにいたと思いますか」「『ねてしもた』と『ねてしまった』とでは，どんな違いを感じますか」など。
❸ワークを配り，自分の考えを書かせる。
　T：今聞いた友達の考えと作文のコツを利用して，自分の考えを書きましょう。
❹友達が書いた作文を読み合って，5歳の子の書いた詩の題名を当てる。
　C：やっぱり，ハムスターかなあ。それとも，生き物ではないのかなあ。

　　　　　　　　　　　　　　　　　　　ふくのなかにはいって　ねてしもた

ここで差がつく！指導＆活用のポイント

● 答えは「雪」。雪が服にのって融けた様子を「寝た」という表現にしたものです。どうしても，初めは「生き物」と考えてしまいます。子ども達から「生き物」でない考えが出たら「面白い！」と褒めます。出ない時には「ヒント」という形で「生き物でない」ことを告げます。考えを変える時には，裏面に書き足すか2枚目に書きます。

● 自分問題を作って，作文のコツ以外のことを書くと「花丸」です。

解答（例）

102

だれーが　どこーで　なにをした

ある五才の男の子が作った話です。

ふくのながいせこして　なにをしたか。

ねたのは何？

(作文の1)
(だれ)ふくのながいせこが　ねた。
(か)なぜねたのかというと、ふとんがやわらかいからねたと思います。

(作文の2)
(だれ)ふくながのせこか　にげだした。
(か)ふくろが小さいから、大ヘビが、せこしつの大きなたと思います。

(作文の3)
(だれ)五才の男の子は、116番にでんわをかけたと思います。
(か)どうしてかというと、ねこが大きすぎたから、大きすぎて、せこしつに大きさのながたと思います。

(作文の4)
(だれ)ふくのせこな母かたからです、か。
(か)ばくく、五才のときにたべて、ちっても、せみに、おしっこした。こうえんでするから、五才のためえまたたかた。ばえ人たかんほてんた。

第4章　作文力がアップする！面白国語ワーク　｜　103

第5章　質問・対話力がアップする！面白国語ワーク

49 ジャンケンスゴロクお話タイム！

■ 対象学年：1年〜　■ 時間：15分（お話タイム1回5〜7分）
■ 準備物：駒用の消しゴム

ワークの概要

2人でジャンケンをして駒を進めます。駒が止まった所のお題をジャンケンで負けた人が読み，勝った人がお題について話をします。多くの友達といろんな対話を楽しむワークです。

● 進め方の例

❶ワークを大判用紙ぐらいの大きさに拡大し，黒板に貼る。
　T：これは「ジャンケンスゴロク」というものです。友達とお話を楽しむスゴロクです。
❷仮の相手1名を指名し，ジャンケンをする。駒の進め方，駒が止まった後の説明をする。
　T：駒が止まった所に書いてあるお題について，勝った人は簡単に話をします。
❸2人組を作らせ，ワークを配布する。（3人組でも可）1回目のお話タイム実施。
　C：パーで勝った！　3つ進むよ！（負けた人がお題を読む）ぼくが好きな歌手は…！
❹相手を変えさせ，2回目・3回目とお話タイムを実施する。
　T：相手を変えます。すぐに，2回目をスタート！

ここで差がつく！指導＆活用のポイント

- 「ジャンケンスゴロクお話タイム」のワークは，お題を変えて5種類ぐらい用意するといいです。1枚のワークには，27個のお題が書いてあるので，5種類のワークで**135個のお題**になります。ちなみに，お題は全て，子ども達から集めたものです。「友達に聞いてみたいこと」を1人5つ以上書いてもらったのです。子ども達から話題を集めることが，話を盛り上げるもととなっています。

- ワークをもとに，多くの友達と言葉を交わすことができますが，それだけで終わりません。「友達の話を聞いて初めて知ったこと」を報告作文という形で書かせます。友達の話を先生に伝える形の作文です。教師もまた，**子ども達のことをもっと知る機会**となります。

解答（例）…駒は消しゴム

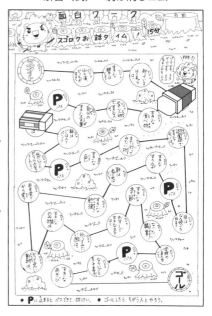

104

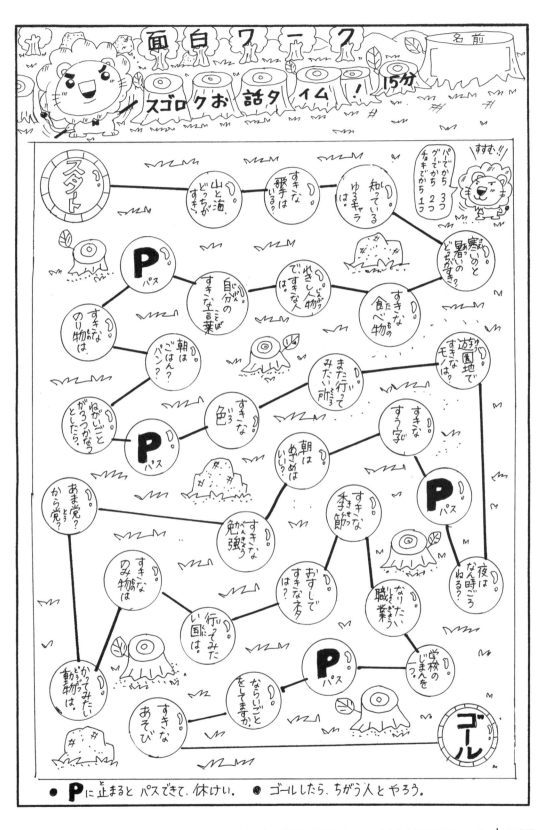

第5章　質問・対話力がアップする！面白国語ワーク

50 サイコロトーク！ 出た目のお題で話をしよう

■ 対象学年：1年～　■ 時間：10～15分（1回のサイコロトーク5分）
■ 準備物：サイコロ2つ

ワークの概要

1人が2つのサイコロを転がします。出た目の「お題」について簡単な話をします。1ワークにつき5分で，2～4人で行います。時間が来たら，相手を変えます。

● 進め方の例

❶ワークを全員に配布して，ルールの説明をします。
　T：（サイコロを転がす）2が出ました！　2には，どんなお題が書いてありますか。
❷ワークに書いてある「例」を参考にして，お題について話をします。
　T：先生の得意なことは，イラストを描くことです。小学生の時から，絵を描くのが…。
❸2～4人組になって，サイコロトークをスタートします。
　C：4が出た！　ぼくの大切にしているものは，腕時計です。これは，お父さんが…。
❹5分経ったら，相手を変えてサイコロトークを続けます。
　C：今度は3だ！　大好きな食べ物は，ハンバーグです！（以下略）

ここで差がつく！指導＆活用のポイント

- サイコロトーク用のワークは，お題を変えて**5種類**用意するといいです。全て「お題」が違うものです。2回目の時，ワークを変えることができます。いろんな「お題」で話をする楽しみを持てるようにしかけます。
- サイコロを2個転がして前と同じ数が出たら，違う数が出るまでサイコロを転がすルールにしています。**常に違う「お題」**で話ができるようになっています。
- 「お題」について話した相手に，1つだけ「質問」をしていいようにしています。その際必ず話をした相手に，「質問していいですか」と聞かせます。「はい，どうぞ」と受けて，質問に応える形をとらせています。

解答（例）

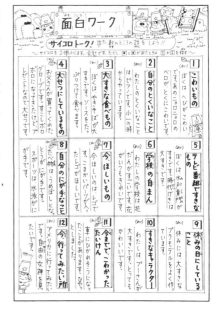

106

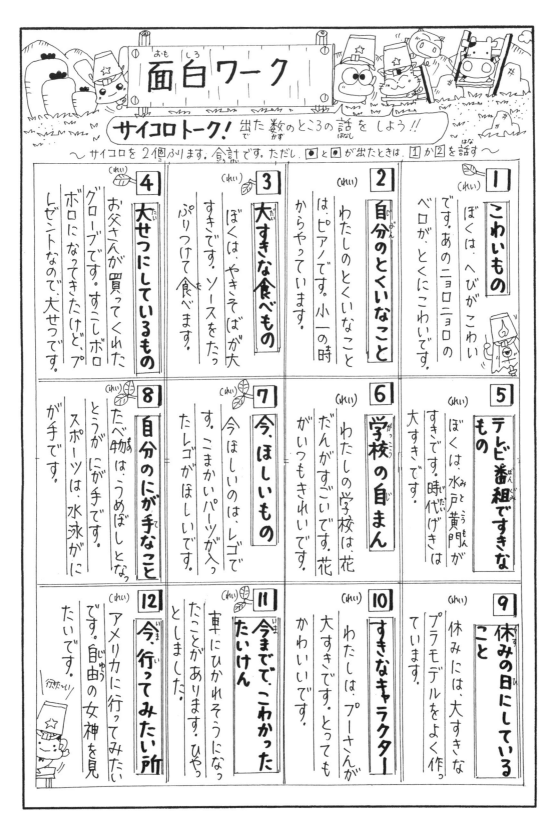

51 それは何か！答えに近づく質問を考えよう

■ 対象学年：2年〜　■ 時間：15分　■ 準備物：紙に書いた言葉またはモノ

ワークの概要

教師が紙に書いた言葉や，持って来たモノが何かを質問して当てるワークです。例の書き方を真似して，「それは○○ですか？」というひな型に質問を当てはめます。

進め方の例

❶右のカードの表面を，子ども達に向けて提示する。
　T：このカードに，ある言葉が書いてあります。どんな言葉が書いてあるか，質問をして当ててください。質問の仕方は，「それは，○○ですか。」という聞き方です。

▼表面　▼裏面
？　ごりら

❷質問者を当てる。質問は5人までとする。
　C：それは，食べ物ですか。　T：いいえ，違います。
❸5人で当たらない時は，あと5人だけ質問をさせ，最後に答えを発表する。
　T：まだ当たらないので，あと5人だけ質問を受け付けます。
❹ワークを配り，同じような流れで「書いた言葉」や「持って来たモノ」に質問させる。
　T：質問の仕方は，分かったと思います。今度は全員に，質問をワークに書いてもらいます。

ここで差がつく！指導＆活用のポイント

- 言葉当てを先にするのではなく，「袋に入っているモノは何か」を当てる質問を先にやってもいいです。モノの場合，袋に入っている様子から，鋭い質問が出ることが多いです。例えば，「それはどんな形ですか。」「それは，日常よく見かけますか。」など，モノの答えに近づく鋭い質問が次々と出てきます。
- 朝学などを利用して，子ども達に問題を出させることもあります。

解答（例）

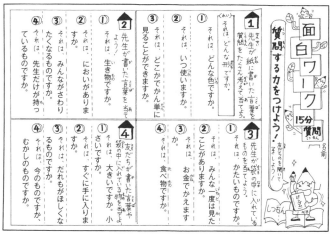

108

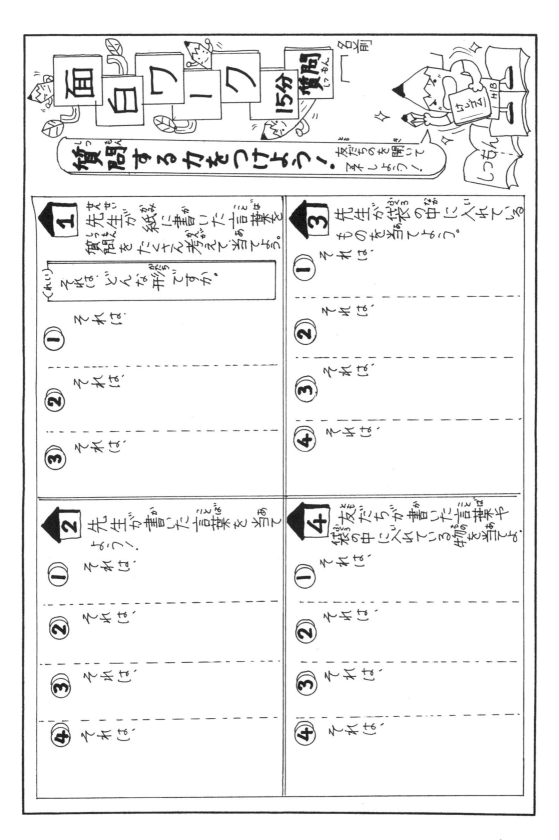

52 それは何か！答えに近づくヒントを考えよう

■対象学年：2年〜　■時間：10〜15分

ワークの概要

　このワークは自分が考えた言葉を，スリーヒントを出して友達に当ててもらうものです。答えが簡単に分からないように，ヒントを工夫して伝える必要があります。

進め方の例

❶3人の子を指名し，前に出す。3人には，右のカードを見せる。
　T：（3人に）このカードの「ゾウ」を，ゾウと言わずにみんなに伝えてください。例えば，「それは耳が大きいです」のように伝えてください。

❷3人の言葉から，カードに何と書いてあるか当てる。
　C：ぼくは，ゾウだと思います。
❸ワークを配る。3人と同じように，考えたものを伝える言葉を3つ考えさせる。
❹2人組になって，問題を出し合う。1人がスリーヒントを出し，もう1人が答える。
　C：それは，しっぽが長いです。（スリーヒント目）それは，サルですか。正解です。

ここで差がつく！指導＆活用のポイント

- 　1回目は，2人組でやります。2回目からは，3〜4人組にします。1人が出したスリーヒントで，誰が早く当てることができるか競わせます。当たった人は，問題を出した人から「サイン」をもらいます。ワークの裏に書いてもらいます。
- 　時には，得点制でやる時もあります。スリーヒントの1つ目で分かったら「30点」。2つ目で「20点」。3つ目で「10点」です。誰が一番，多くの得点を取ることができるか競います。
- 　慣れてきたら，掲示自学として「スリーヒント」を掲示します。「このスリーヒントから何のことか分かるかな」というコーナーを作っています。

解答（例）

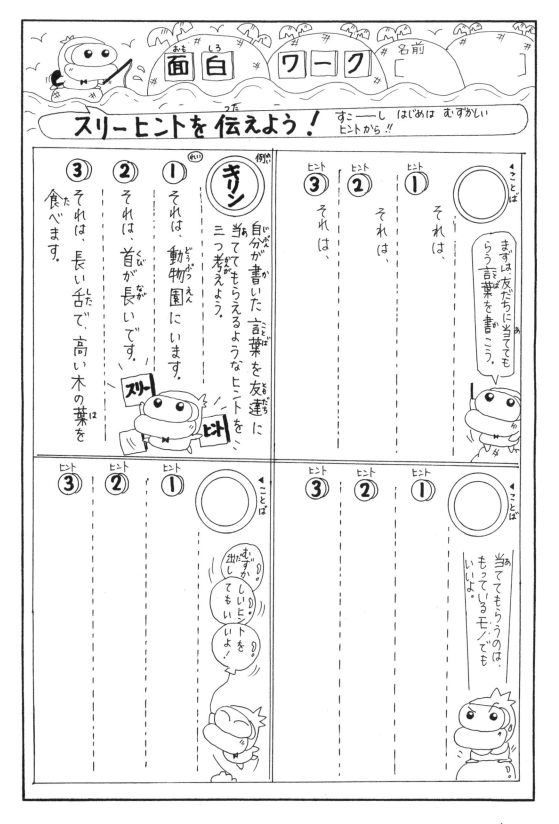

53 まずは絵をじっと見る！質問を4つ考えよう

■対象学年：1年〜　■時間：10〜15分

ワークの概要

1枚の絵を見て，知りたいことを「質問」という形で考えるワークです。「質問」を考える時には，ワークに書いてある「質問のコツ」を利用します。

進め方の例

❶右のような「1枚の絵」を見せ，いくつかの質問をする。

T：「なぜ，長靴の中にいるのですか」「ここは，どこですか」「ネコの名前は何ですか」「どのようにして長靴に入ったのですか」この絵を見て，先生が知りたいことです。

❷質問を考える時のコツをおさえる。

T：質問を考える時には，コツがあります。「いつ，どこで，何を，なぜ」などで作ります。

❸ワークを配る。質問を考えるコツを利用して，質問をづくりに挑戦させる。

C：質問のコツを使うと，いくらでも質問が浮かぶ！

ここで差がつく！指導＆活用のポイント

- 1枚目の絵では，1人で質問を考える時間を3分とります。その後2分ほど，考えた質問を**友達と見せ合う時間**を作ります。いい質問だと思ったら，空いている所か裏に，メモさせます。

- 友達との相談後，**全員発表の場を設けます**。全員を立たせ，列ごとに考えた質問を発表させます。同じ質問は言わず，常に新しい質問を発表させます。発表する質問がなくなった時には，座らせます。みんなが出し合うと，たくさんの質問が集まることを体感させます。

- ワークで質問を考えるコツが分かったら，朝の時間などを利用して，1枚の絵や写真・資料を見せる場を続けます。社会・理科などの資料を分析する学びに生きてきます。

解答（例）

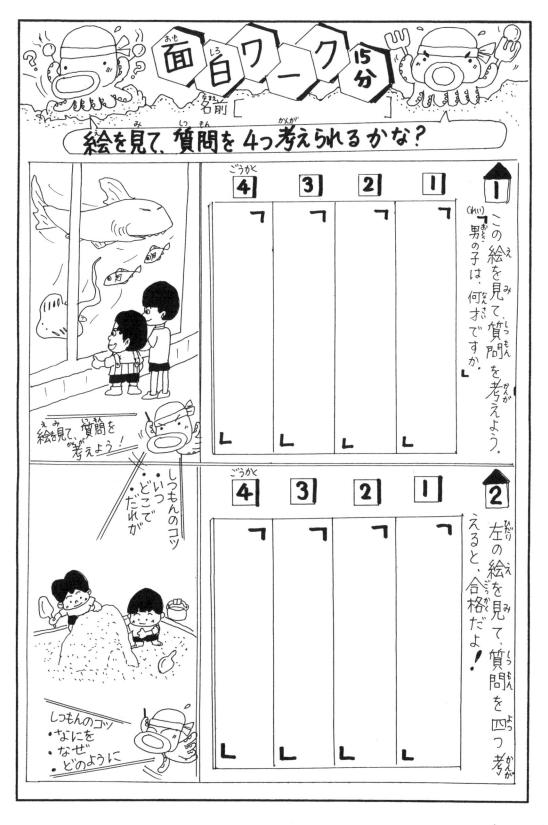

54 質問のコツ！5W1Hを使って問いを考えよう

■対象学年：1年〜　■時間：10〜15分

ワークの概要

ワークの看板に、一文が書いてあります。一文を読んで、もっと知りたいことを質問します。質問を作るコツは「5W1H→いつ・どこで・だれが・なにを・なぜ・どのように」です。

● 進め方の例

❶右の一文を黒板に貼る。一緒に読んだ後、問題を出す。
　T：この一文を読んで、もっと知りたいことを1つ考えてください。
❷考えたことを発表させる。
　C：「何の花ですか」「何色の花ですか」「どこに咲いているのですか」…
❸質問のコツ「5W1H」をおさえる。
　T：質問を考える時のコツがあります。5W1Hと言います（説明）。
❹ワークを配る。質問のコツを使って書く。
　T：ワークの「問題2」の質問を、「質問のコツ」を使って書いてみましょう。

> 花が咲いています。

ここで差がつく！指導＆活用のポイント

- 「5W1H」も紙に書いて提示します。子ども達の発表を受けて、「いつ・どこで・だれが・なにを・なぜ・どのように」の質問のコツをおさえ、意識せずに使っていた子を褒めます。

- ワークの「ハトがとまっています」の例文を一緒に読み、「5W1H」の確認をします。全ての質問が書いていないので、この一文でも「1つ質問」考えさせ、発表させます。

- 「5W1H」に慣れたら「**主役・脇役法**」も教えます。問題2の**主役**はバスですが、解答（例）の⑥にあるように「運転手さん」のことも質問に入れています。一文に書かれていないことですが、バスといえば運転手さん。こういう「**脇役**」を考えた質問もいいとおさえます。

解答（例）

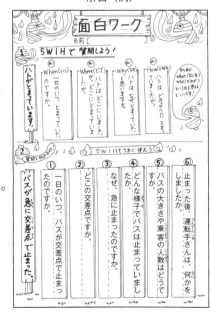

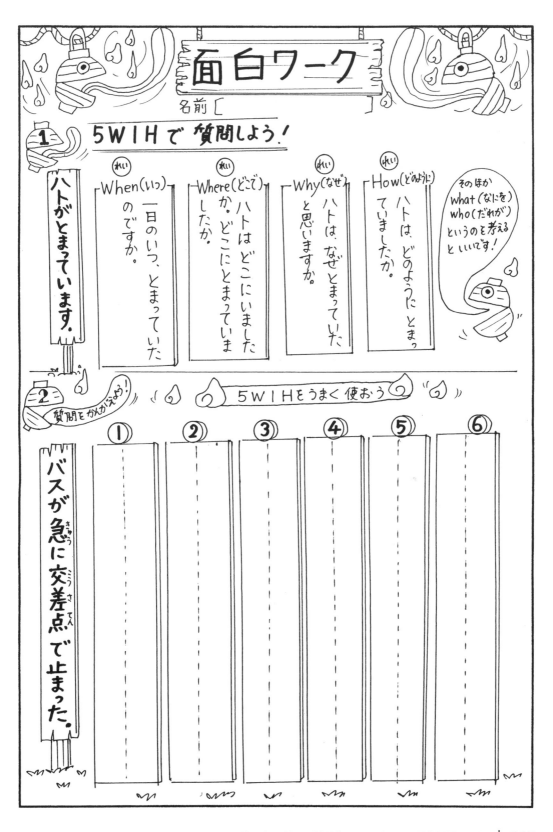

55 分かりやすく説明しよう！クイズの答え

■対象学年：4年〜　■時間：10〜15分

ワークの概要

看板に，クイズとその答えの解説が書いてあります。この解説をもとに，クイズの答えが分からない人に，分かりやすく説明するというものです。

● 進め方の例

❶右の「なぞなぞ問題」を出す。
　T：何の球技が分かりますか。
❷答えを解説する。右の点線の部分を話す。
　T：答えはソフトボールです。解説すると（略）。
❸ワークを配り，解き方を説明する。
　T：先生が話した「なぞなぞの解説」のように，答えを「分かりやすく」説明してください。低学年に話しかけるように書くといいです。

> おじいちゃんとする球技は何かな。
> ↓
> ソフトボール

> おじいちゃんは「祖父」といいます。
> おじいちゃんとボール遊びなので，
> 祖父とボールです。

ここで差がつく！指導＆活用のポイント

- このワークは，説明を書いた後に「**改善タイム**」を設けます。説明文を書く時間は，7分に設定しています。その後，何人かのグループになり，説明文を聞き合います。「**分かりやすい説明だったか**」で挙手します。もう少し，ここを変えると分かりやすいという点を言い合います。このワークの裏に，同じものを印刷しているので，友達の言葉をもとに，説明を改善します。

- ただし，2つの説明文を改善するのは大変なので，友達に聞いてもらう文は，自信がある方を読みます。みんなから「分かりやすい」と言われた場合は，改善せずに「**読み**」の練習をします。人に伝える「**話し方**」の練習にも，力を入れています。

解答（例）

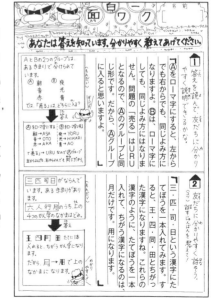

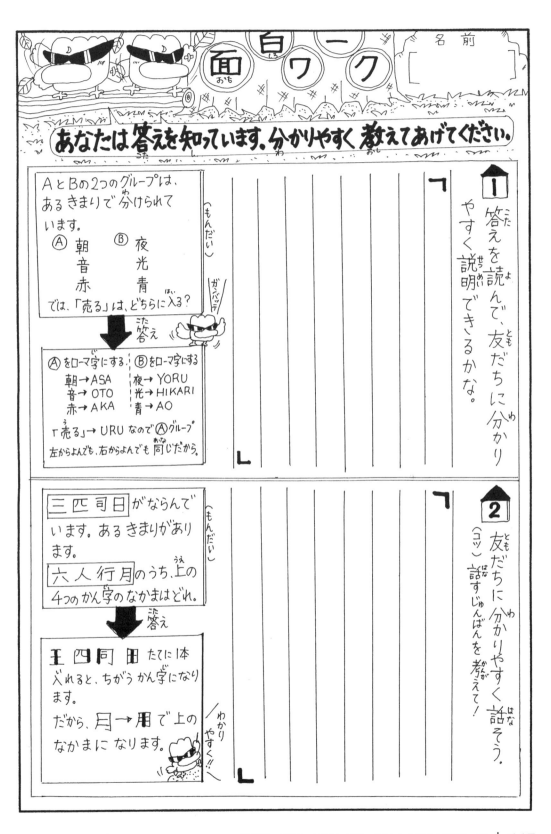

56 分かりやすく伝えよう！おり紙作品の作り方

■対象学年：2年～　■時間：15分　■準備物：おり紙

ワークの概要

　おり紙を使って，簡単なチューリップを作ります。その作り方を，分かりやすく人に話すように書いて伝えます。例文を載せているので，真似して書けるようになっています。

進め方の例

❶右の「おり紙で作ったチューリップ」を見せ，一緒に作る。
　T：おり紙でチューリップを作ります。

❷黒板に，作る過程を貼る。
　T：チューリップの作り方です。一つ一つ，丁寧にやります。

❸同じように，チューリップの茎も作る。

❹何度か作った後，ワークを配り，書き方を説明する。
　T：今度は，みんながチューリップの作り方を教えてあげる番です。今，チューリップ作りをしたことをもとに，どうすればいいかを分かりやすく伝えてね。

ここで差がつく！指導＆活用のポイント

- 　2人組を作ります。1人が「チューリップの花」の作り方を，実演しながら話します。それをもう1人が聞いて，説明の仕方をワークにメモします。「茎」を作る時は，説明を交代します。

- 　友達の説明をヒントに，ワークの「　」の中の言葉を考えます。もちろん，2人組で言い方を考えてもOKです。

- 　全部書き終わったら，交代で「説明の部分」を聞き合います。改善点が見つかれば，更に書き直しをします。ワークは，裏表に同じ印刷をしているので，**書き込みメモ用と本番用**を分けるように言っています。

- 　2回目からは，**絵を描く所**から挑戦させます。マスが足りない時は，途中省略で書きます。

解答（例）

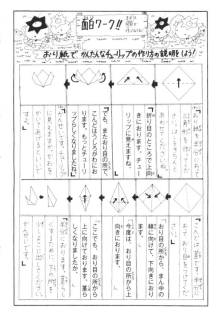

118

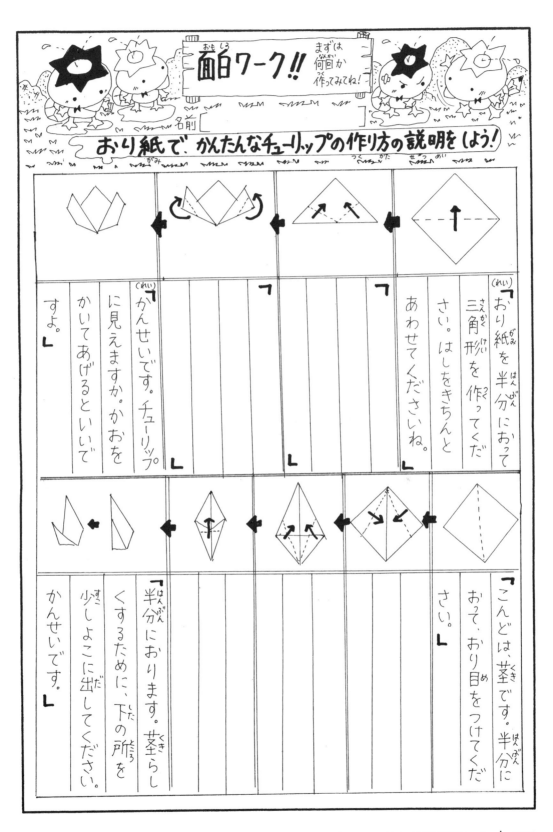

57 分かりやすく伝えよう！道案内

■対象学年：3年～　■時間：30分（事前指導15分，ワーク15分）

ワークの概要

このワークは，道を尋ねられた時に，分かりやすく道案内する言い方を考えるものです。または，道を尋ねる時の言い方も考えます。1枚の地図をもとに，言い方を考えます。

進め方の例

❶右のような地図を黒板に貼って，聞く。

　T：ホテルはどこにありますか。

❷道を尋ねる人と答える人を選ぶ。

　T：2人，指名します。聞く人，答える人になります。

❸役割演技をさせる。

　T：1人は道を尋ねてください。1人は答えます。

❹ワークを配り，問題を解かせる。

　T：道案内する場合2問，道を問う場合1問です。

ここで差がつく！指導＆活用のポイント

- 役割演技の時に，2つのことをしっかり確認します。1つは「道を尋ねる言い方」，もう1つは「道順を教える言い方」です。道を尋ねる言い方は，書いている文を丁寧に読ませた後，どの言葉が大切かを考えさせます。「道順を教える」場合は，どのような順で，どんな言葉を使えば分かりやすくなるかを考えさせます。

- 作文に入る前に，この役割演技を15分たっぷり行います。聞き方や道順の教え方の言い方に**耳慣れ**することを大切にしています。ただし，15分のうち，全体でやるのは10分。残り5分は2～3人の組にさせ，それぞれの役で話をさせます。上手いグループがいたら，すぐに手本として紹介します。

解答（例）

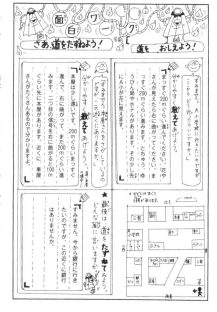

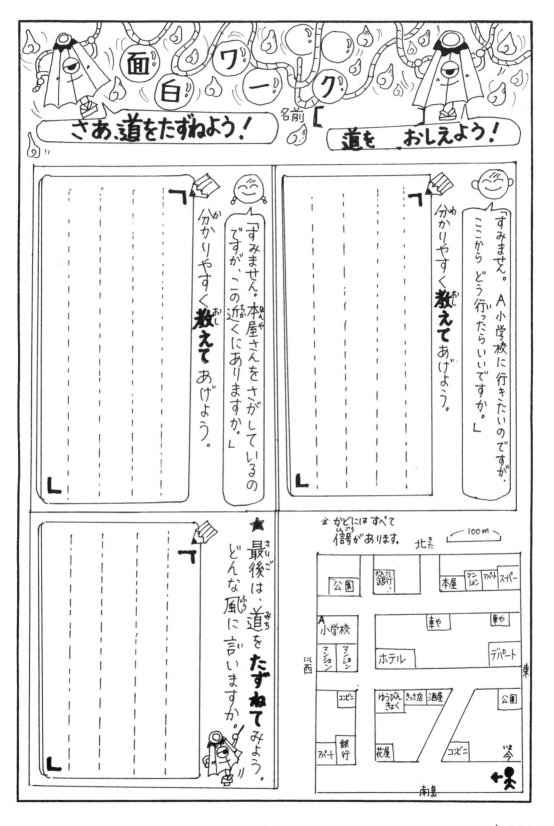

58 調べたことを分かりやすく伝えよう！

■ 対象学年：4年〜　■ 時間：15分（報告時間）

ワークの概要

　学校や身の回りにある物について調べ，調べたことを分かりやすく報告するワークです。例を参考にして何を調べるか考え，予想を立てた後，調べることからスタートします。

進め方の例

❶右の「発表用原稿」を黒板に貼り，一緒に読む。
　T：学校調べの発表用原稿です。読んでみましょう。
❷自分だったら，何を調べたいかを考えさせる。
　T：みんなだったら，何を調べますか。
❸報告の仕方を説明する。
　T：「予想を立てる⇒調べる⇒発表用原稿を書く」の流れです。
❹ワークを配り，①②を書かせる。
　T：何を調べるかと予想を書いてください。

ここで差がつく！指導＆活用のポイント

- 発表用原稿を書くためには，何を調べるかを決め，予想を立て，実際に調べに行く時間が必要になります。社会や総合の時間を利用して，ワークづくりとリンクします。

- 「消火器」調べ以外に，「階段の段数」「水道の蛇口の数」「トイレの数」「絵本の数」「マークの数」「木の数」などを調べる子がいました。1人でもグループで調べてもOKです。

- 発表は，1人3回方式をとります。3回発表できる場を作ります。3回話をすることで，段々と話し方が上手くなります。ちなみに，1回の話がワーク1枚分なので，30秒〜1分で終わります。3回目には，一部分は発表原稿を見なくても言えるようになります。

解答（例）

122

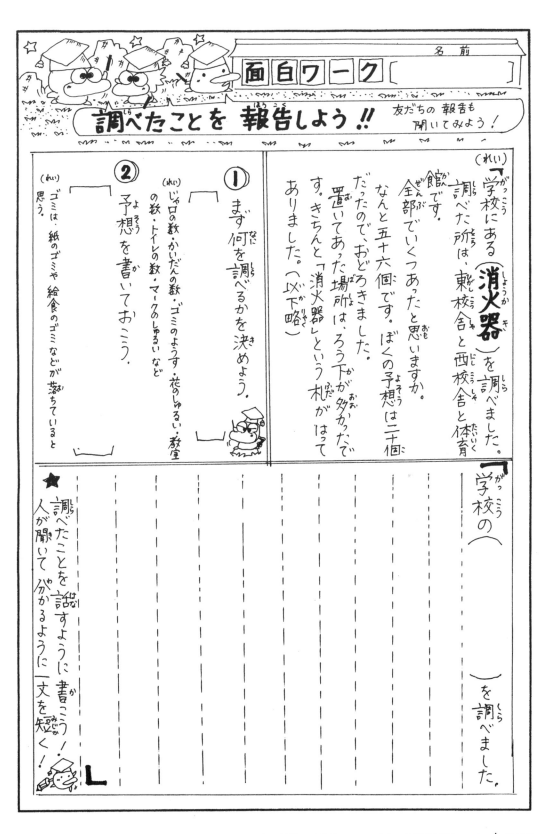

59 正しい話し方はどれかな？

■対象学年：3年～　■時間：10～15分

ワークの概要

話し方をよくするには，どの言葉を選べばいいか。おかしい話し方を，正しい話し方に直すにはどうすればいいか。正しい話し方を意識させるワークです。

● 進め方の例

❶右の話し言葉を書いた紙を黒板に貼って，問題を出す。
　T：この話し言葉のおかしい所を探してください。
　C：「カレーはいい」の「は」がおかしいです。
❷どんな話し方にすればいいかを考えさせる。
　T：正しい話し方にするには，どう変えればいいですか。
　C：「カレーでいい」にするといいです。
❸ワークを配り，問題を解かせる。
　T：ワークの問題1・2を解いてください。時間は8分です。

> 「お寿司を食べたいけど高いから，カレーはいいや。」

ここで差がつく！指導＆活用のポイント

● ワークの答えを発表させる時には，「　」を意識させます。**人に話しかけるように**，答えを発表させます。
● たった一字で，正しい話し方ではなくなることをしっかり確認します。人に話をする時は，**言葉1つにこだわる**ことをここでおさえます。
● このワークでは，助詞を中心に正しい話し方を意識させています。2枚目からは，**文末表現・敬語・主語述語・話の長さ**などを問題にしたワークを用意しています。子ども達が，日常あまり意識していないおかしな話し方を取り上げたワークにしています。例えば，「先生，トイレ！」「先生が来たよ！」というようなおかしな話し方を取り上げています。

解答（例）

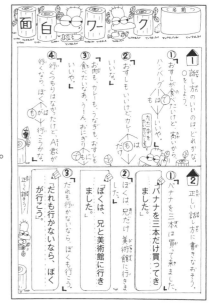

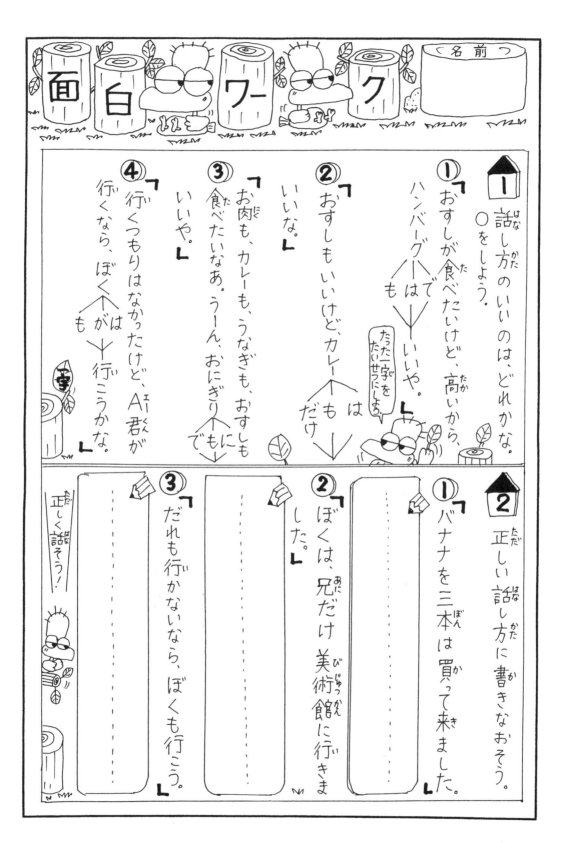

60 メモして伝えよう！人から聞いた話

■ 対象学年：2年～　■ 時間：10～15分

ワークの概要

　人の話を聞いて，聞いたメモを作ります。そのメモをもとに，家族に聞いたことを分かりやすく伝えるワークです。例として，校長先生の話を聞いてメモづくりをしています。

● 進め方の例

❶右の言葉を書いた紙を黒板に貼り，聞く。
　T：今日の先生の朝の話は，どんな話でしたか。覚えていますか。
　C：遊具の話と休み時間の話と自学の話の3つです。
❷人の話を聞く時の，心構えを話す。
　T：人の話は，頭と心のメモにしっかりと記録します。
❸ワークを配り，問題に取り組ませる。
　T：今日の全校朝会の校長先生の話を覚えています。友達と相談していいです。相談しながら，メモを書いてください。

今日の先生の話

ここで差がつく！指導＆活用のポイント

- ここでは，全校朝会で校長先生の話があった後に，ワークを利用しています。時には，社会見学に行く前や出前授業等がある前に利用してもいいです。
- 日頃から，**連絡帳**などに「教師が話したこと」をメモさせるトレーニングをさせることもあります。そうしておくと，校長先生の話があった時に，すぐにワークの問題に取り組ませることができます。
- 家族に校長先生の話をする前に，書いた「原稿」を友達に聞かせる場を設けます。その時，「人の目を見て話す」「はっきりとした口調で話す」「早口にならない」などの**話し方のポイント**を確認する。

解答（例）

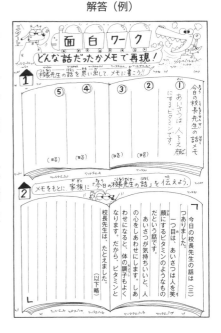

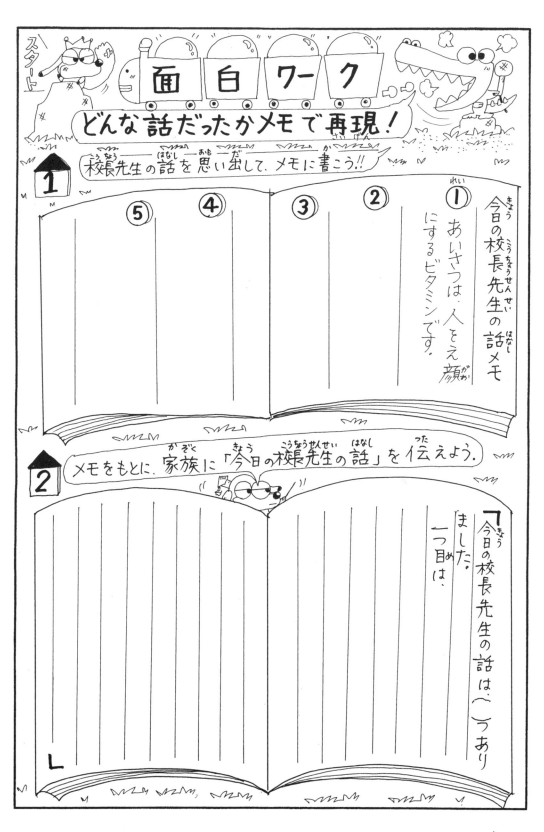

【著者紹介】

福山　憲市（ふくやま　けんいち）

1960年山口県下関市生まれ。広島大学卒業。下関市立吉見小学校教諭。現在、「ふくの会」というサークルを31年継続。「ミスをいかす子ども達を育てる研究会」も組織し、ミス退治運動を進行中。本書を読んでの感想等は、2822640601@jcom.home.ne.jp まで。

〈著　書〉
『教室で活躍するキャラクター集』『"ひとり学び"を鍛える面白ドリルワーク』『資料提示の技術』『知的学級掲示自学のアイデア』『自学ノートの指導技術　小学5年』『一人ひとりを見つめる子ども研究法の開発』『社会科基礎・基本を確実に身につけさせるワーク　小学5年』『算数ミスを減らす指導法（1・2年生編，3・4年生編，5・6年生編）』『漢字ミスを減らす指導法』『作文感覚を磨き作文ミスを減らす指導法』『言葉感覚を磨き言葉ミスを減らす指導法』『社会経済システムの理解』『算数科「言語活動の充実」事例』『スペシャリスト直伝！　学級づくり"仕掛け"の極意』『20代からの教師修業の極意～「出会いと挑戦」で教師人生が大きく変わる～』（以上明治図書）

〈共　著〉
『自学力を育てる授業と家庭学習のシステム化　小学5年』「THE 教師力シリーズ」『THE 学級開き』『THE 学級経営』（以上明治図書）　他多数

短時間学習で使える！
15分で国語力アップ！
小学校国語科アクティブ・ラーニング型面白ワーク60

2016年6月初版第1刷刊	©著　者	福　山　憲　市
2018年6月初版第4刷刊	発行者	藤　原　光　政
	発行所	明治図書出版株式会社

http://www.meijitosho.co.jp
（企画）木山麻衣子　（校正）吉田　茜
〒114-0023　東京都北区滝野川7-46-1
振替00160-5-151318　電話03(5907)6702
ご注文窓口　電話03(5907)6668

＊検印省略　　　　組版所　共同印刷株式会社

本書の無断コピーは、著作権・出版権にふれます。ご注意ください。
教材部分は学校の授業過程での使用に限り、複製することができます。

Printed in Japan　　　　ISBN978-4-18-237821-8
もれなくクーポンがもらえる！読者アンケートはこちらから →